társal

GW00789379

A magyar változat
kiadója és forgalmazója

ASSIMIL

Hungária Kft.

1011 Budapest, Fő utca 56. I./3.
Telefon: (06-1) 355-8406
Mobil: (06-30) 989-5728

Felelős kiadó:
Petrovics Krisztina

Nyomdai előkészítés:
Czifra Veronika

Nyomdai munkák:
Typo Radius Bt

6. kiadás

ISBN: 963 8162 15 5

A kiadás alapjául szolgáló kötet: **„Englisch Wort für Wort"**
Kiadója a Reise Know-How Verlag Peter Rump GmbH, Bielefeld

ANGOL
kapd elő

írta:
Doris Werner-Ulrich

a magyar változat
Szabó Péter
munkája

Nyelvi korrekció:
Kalamár Eszter

illusztrációk
J. L. Goussé

B.P. 25
94431 Chennevières-sur-Marne Cedex
FRANCE

Sorozatunkban megjelent társalgási zsebkönyvek:

Kapd elő NÉMET

Kapd elő FRANCIA

Kapd elő OLASZ

Kapd elő SPANYOL

Kapd elő PORTUGÁL

Kapd elő GÖRÖG

Kapd elő HOLLAND

Kapd elő CSEH

A jövőben megjelenő könyveink:

Kapd elő SZLOVÁK

Kapd elő TÖRÖK

Kapd elő HORVÁT

Kapd elő JAPÁN

Tartalom

Részletes ismertetés a 102. oldalon.
Hamarosan megjelenik
a Könnyűszerrel angolul 2. része!

A KAPD ELŐ NYELVKÖNYVEK MÁSOK!

Miért is? Mert valóban arra tanítják Önt, hogy beszéljen, és megértsen másokat!

Hogy miként érik ezt el? Látszólag ugyanolyan eszközökkel, melyeket a többi nyelvkönyv is kínál: példamondatokkal, szószedetekkel, stb; a KAPD ELŐ-sorozat köteteit alaposabban megismerve mégis több különlegesség tűnik elő.

✓ A **Nyelvtani** anyag bemutatása egyszerű nyelven történik, hogy mihamarabb, magolás nélkül elkezdhessen beszélni - még akkor is, ha azt egyelőre nem is nyomdakészen teszi.

✓ Valamennyi példamondatot kétszer ültetünk át magyarra: egyszer szóról szóra, másodszor „rendes", irodalmi magyar nyelvre. Így jól áttekinthetővé válik az idegen nyelv rendszere. Ez azért szükséges, mert egy-egy idegen nyelv mondatszerkezete, vagy éppen kifejezésmódja nagymértékben különbözhet a magyar nyelvétől. Ilyesfajta fordítások nélkül szinte lehetetlen a mondat egyes szavait másikkal helyettesítenünk.

✓ A sorozat szerzői világjárók, akik a nyelvet ott tanulták meg, ahol azt valóban beszélik. Ennélfogva nagyon jól tudják, hogy miként beszél az utca embere - akiknek beszéde sokkal közvetlenebb és egyszerűbb, mint például az irodalmi nyelv.

✓ Idegen országban különösen fontos a **testbeszéd,** a különböző **gesztusok, jelek és viselkedésszabályok** rendszere, melynek ismerete nélkül még a nyelvet bírók is nehezen kerülhetnek helyiekkel jó kapcsolatba. Éppen ezért térünk a sorozat minden egyes kötetében külön ki a kommunikáció eme nem-verbális formáira.

A KAPD-ELŐ-nyelvkönyvek nem tankönyvek, de nem is egyszerű mintamondat-gyűjtemények! Ha rászán egy kis időt és megtanul néhány szót, segítségükkel rövid idő alatt olyan információk birtokába juthat, és olyan élményekben részesülhet, amelyek a „süketnéma" utazók előtt rejtve maradnak!

Előszó

Bizonyára érezte már az érzést, ami akkor keríti hatalmába az embert, amikor szabadságon van, de egy kukkot sem ért a helyiek nyelvéből. Ilyenkor egészen váratlanul kerülhet olyan helyzetekbe, amelyekből a legvadabb gesztikuláció segítségével sem tudja kivágni magát. Márpedig hány akkora nyelvzseni van, aki mindazon országok nyelvét ismeri, ahová útja viszi? A helyiek természetesen jó néven veszik, ha az ember veszi a fáradságot és megtanul nyelvükön "kérem"-et és "köszönöm"-öt mondani - de ez a tudomány még nem elég ahhoz, hogy a szabadságunk alatt megismert bennszülöttekkel, vagy éppen más országokból érkezett turistákkal beszédbe elegyedjünk.

Az angol szerencsére olyan nyelv, melyet az angol nyelvterületeken kívül is legalább néhányan megértenek és beszélnek. Ha egyszer rászánta magát az angol-tanulásra, tudományát utazásai során újra- és újra előveheti - sőt, rá is lesz erre kényszerítve. Megéri tehát a fáradság.

Olyanoknak szánjuk ezt a KAPD-ELŐ-kötetet, akik angolul eddig még nem tanultak, vagy akikből nyomtalanul múlt el korábbi tanulmányaik emléke is. Olyan olvasóknak való ez a könyv, akik nem a tökéletes kifejezésmód elsajátítására törekszenek, csupán éppen annnyira szeretnék ismerni a nyelvet, hogy segítségével az utazás során felmerülő valamennyi helyzetben megállják helyüket. A könyv könnyen kezelhető, és (remélhetőleg) felkelti forgatója érdeklődését tanulmányainak folytatása iránt.

Tippek a könyv használatához

A KAPD ELŐ ANGOL NYELVKÖNYV az alábbi részekből áll:

– Nyelvtan
– Beszédhelyzetek
– Angol nyelvterületek világszerte
– A rendhagyó igék listája
– Magyar-angol szószedet
– Angol-magyar szószedet

A **Nyelvtan**i anyag taglalásakor a legszükségesebbekre szorítkozom. Nem ismertetek olyan részleteket, melyek a boldoguláshoz nem múlhatatlanul szükségesek, annál is inkább, mert külföldi beszélgetőtársai egy része számára az angol szintén idegen nyelv, s lehet, hogy ennélfogva hibáit észre sem veszik. Ennél sokkal fontosabb, hogy az idegen nyelvvel kapcsolatos kezdeti félénkségüket mihamarább legyőzzék.

Ebben nyújtanak segítséget a **Társalgási rész**ben található példamondatok. Az egyes fejezetekbe tudatosan egyszerű szerkezetű, könnyen alkalmazható, módosítható és kiegészíthető mondatokat gyűjtöttünk egybe. E célt szolgálják az egyes fejezeteken belül található szószedetek, csakúgy, mint a **Függelék** két **Szószedet**e. Ezek egyenként mintegy 1000 szót foglalnak magukban.

Mivel az angol nyelvben a kiejtés nagymértékben különbözik az írásmódtól, helyenként **Kiejtési átiratot** is feltüntetünk (*dőlt betűkkel*).

Minden olyan szócsoport és mondat mellett, melynek magyar megfogalmazása nem teljes mértékben egyezik meg az eredetivel, **szószerinti átirat**ot közlünk, melynek segítségével a mondatszerkezet könnyebben áttekinthetővé válik. Ennek révén gond nélkül illeszthetők más szavak is a példamondatokba.

Kiejtés / Hangsúly

Amilyen könnyűnek tűnik sokak számára az angol nyelvtan, olyanynyira bonyolult a **kiejtés**. Ebben még az angol nyelv kiváló ismerői sem tévedhetetlenek. Ezért nem ismertethetjük itt az angol kiejtés valamennyi lehetséges esetét, különösen azért, mert még szigorú szabályok alól is akadnak kivételek. Nem könnyen tanulható meg az angol szavak **hangsúlyozása** sem, ezért ahol szükséges, a kiejtési átiratban aláhúzással jelöltük a hangsúlyos szótagokat.

E nehézségek azonban ne tántorítsák el attól, hogy megpróbálkozzék az angol beszéddel. Minél többet használja az ember az idegen nyelvet, annál könnyebben sajátítja el. Más út pedig nincs.

KIEJTÉS SZERINTI ÁTÍRÁS

Mássalhangzók

c	k	mint a „kutya" szóban	**clock** *(klok)*
c	sz	mint a „szabó" szóban	**circus** *(szörkesz)*
g	g	mint a „gránit" szóban	**go** *(gó)*
g	dzs	mint a „lándzsa" szóban	**George** *(dzsordzs)*
j	dzs	mint a „lándzsa" szóban	**joke** *(dzsók)*
r	r	a nyelv, enyhén hátrafelé hajlítva a szájpadlásnak nyomódik	**right** *(rájt)*
s	sz	mint a „szabó" szóban	**sell** *(szell)*
sh	s	mint a „sátor" szóban	**shoe** *(sú)*
sch	szk	mint a „szkafander" szóban	**school** *(szkúl)*
sp	szp	mint a „szpíker" szóban	**spell** *(szpell)*
st	szt	mint a „sztereó" szóban	**stone** *(stone)*
th*	d	a nyelv a felső szemfogakra szorul vagy t	**that** *(det)*

---

* Sok magyarnak okoz nehézséget az igazi **„th"** megformálása. Ha sok gyakorlás után még mindig nem járunk sikerrel, az ember nyugodtan ejtheti a **„th"**-t sz-nek is. Más anyanyelvűek is nehéznek találják a **„th"**-t. Sok helyen hallhatunk a **„th"** helyett „d", illetve „t"-t is.

11

th	*t*	a nyelv a felső szemfogak belső oldalára szorul. Az előzőnek zöngétlen párja.	**thorn** *(torn)*
v	*v*	mint a vasút szóban	**vote** *(vót)*
w	*u*	a magyar „v" is elfogadható, egyébként mintha egy egészen rövid „u"-t ejtenénk	**window** *(uindó)*
y	*j*	mint a „játék" szóban	**yes** *(jesz)*
z	*z*	mint a „zaj" szóban	**zoo** *(zú)*

MAGÁNHANGZÓK

a	*aa*	hosszú „a"	**last** *(laaszt)*
a	*e*	mint a „kell" szóban	**back** *(bek)*
a	*éj*	mint az „éjszaka" szóban	**name** *(néjm)*
a	*ó*	mint az „óra" szóban	**all** *(ól)*
a/e	*ä*	rövid „e", mint az „ember" szóban	**about** *(äbaut)*
e	*ä*	mint a „lett" szóban	**egg** *(ägg)*
e	*í*	mint a „bír" szóban	**here** *(hír)*
e	*ee*	hosszú e	**there** *(deer)*
i	*i*	mint az „itt" szóban	**sick** *(szik)*
i	*áj*	mint a „táj" szóban	**nice** *(nájsz)*
i	*ö*	mint a „tölt" szóban	**first** *(förszt)*
o	*au*	mint az „autó" szóban	**how** *(hau)*
o	*ou*	gyors egymásutánban kimondott o és u	**own** *(oun)*
o	*o*	nyílt „o", mint a „kos" szóban	**not** *(not)*
o	*ó*	mint az „óra" szóban	**short** *(sórt)*
o	*a*	mint az „atlasz" szóban	**love** *(lav)*
u	*a*	mint az „atlasz" szóban	**bus** *(basz)*
u	*u*	mint a „lyuk" szóban	**sure** *(sur)*

A szó-, vagy szótagvégi „**er**" (**letter**) kiejtése inkább „a"-ra, vagy „ö"-re hasonlít.

12

KÉTBETŰS MAGÁNHANGZÓK

ay; ai	*éj*	mint az „éj" szóban	**pay** *(péj)*
ea	*ö*	mint az „ördög" szóban	**earn** *(örn)*
ea	*í*	mint az „ír" szóban	**lead** *(líd)*
ee	*í*	mint az „ír" szóban	**see** *(szí)*
ie	*ä*	mint a „lett" szóban	**friend** *(fränd)*
ou	*au*	mint az „autó" szóban	**out** *(aut)*
oy	*oj*	mint a „tolj" szóban	**boy** *(boj)*
oo	*u*	mint a „fut" szóban	**book** *(buk)*
oo	*ú*	mint a „dúl" szóban	**cool** *(kúl)*

A hangsúlyos szótagokat aláhúzással jelöljük. Például:

     expensive   *iksz<u>pen</u>szif*

Az „ou" esetében az „o"-betűt aláhúzzuk annak jelölésére, hogy arra nagyobb hangsúly esik, mint az „u"-ra. Például:

     go   *g<u>o</u>u*

Alsó kötőjellel jelöljük, ha két egymás után következő szót szünet nélkül, egybetartozóként kell kiejteni. Például:

     an apple   *en_eppl*

Függőleges elválasztójellel jelezzük, hogy három egymást követő magánhangzó esetén melyek tartoznak egybe. Például:

     menstruation   *mensztru | éjsön*

Megjegyzéseim:

. . . .

. . . .

. . . .

Minden második mondatban előforduló szavak

Értelmes kezdet, ha néhány, igen gyakran felmerülő szót gyorsan elsajátítunk. Ismeretük sok helyzetben már most nagy segítséget nyújthat.

yes	*jesz*	igen
no	*nó*	nem
maybe	*méjbí*	talán (lehetséges)
perhaps	*pörhepsz*	talán
thank you	*tenk jú*	köszönöm
please	*plíz*	kérem, szívesen
and	*end*	és
or	*ór*	vagy
with	*uiđ*	-val, -vel
without	*uiđaut*	nélkül
right	*rájt*	helyes / pontos
wrong	*rong*	helytelen / hamis
here	*hír*	itt
there	*đer*	ott
this	*đisz*	ez
that	*đet*	az
Where is ... ?	*uer iz*	hol van a ... ?
Where are ...?	*uer aar*	hol vannak a ...?

A NÉVELŐK

Sok idegen nyelven, mellyel magyarként kapcsolatba kerülhetünk, okozhat gondot a főnevekhez tartozó névelők megtanulása. Szerencsére az angolban, mivel a főnevek között nemük szerint nem tesz különbséget, sokkal egyszerűbb a helyzet, hiszen valamennyi főnévre egyetlen határozott névelő alkalmazható: a **the.**

the razor	**the socket**	**the wire**
đe réjzor	*đe szokit*	*đe uájr*
a borotva	**a** csatlakozó	**a** drót

Magánhangzóval kezdődő főnév esetén a **the** kiejtésének helyes módja *đí*:

the apple	*đí äppl*	az alma

Hasonlóképpen valamennyi főnévre vonatkozik az **a** határozatlan névelő.

a car	**a brake**	**a house**
e kaa	*e bréjk*	*e hausz*
egy autó	**egy** fék	**egy** ház

Az „a" határozatlan névelő ejtése rövid, éppen, mint „egy" szavunkban. Ha magánhangzóval kezdődő főnév előtt áll, „an" lesz az „a"-ből:

an apple	*en_äppl*	egy alma

A FŐNÉV

EGYESSZÁM - TÖBBESSZÁM

A többesszám képzésének szabályai angolul ugyanolyan egyszerűek,
mint a magyar nyelvben: az egyesszámú alak végére -s-et kell illeszteni.

friend	friends	word	words
fränd	*frändz*	*uörd*	*uördz*
barát	barátok	szó	szavak

Fontos kivételek:

child → children	woman → women	man	men
csájld *csildren*	*uumen* *uimin*	*män*	*men*
gyerek gyerekek	nő nők	férfi	férfiak

Többesszámban kis változás következik be azon szavak kiejtésében,
amelyeknek egyes számú alakja „s" hanggal végződik. Az írásban jelölt
szóvégi néma „e"-t többesszámban rövid „i"-nek kell ejteni.

house →	houses	purse →	purses
hauz	*hauzisz*	*pörsz*	*pörszisz*
ház	házak	pénztárca	pénztárcák

Léteznek olyan szavak is, melyeknek csak egyes-, vagy ellenkezőleg,
kizárólag többesszámú alakjuk van. Különösen fontosak az olyan sza-
vak, melyek angolul kizárólag többesszámú alakban fordulnak elő,
magyarul azonban egyesszámú alakjuk hordozza ugyanazt az értelmet.
Elsősorban olyan tárgyakat jelölnek ilyen szók, melyek két egyforma
részből állnak (amiként például a nadrágnak éppen két szára van).

glasses	trousers
glaaszisz	*trauzörsz*
szemüveg	nadrág

NÉVMÁSOK

Személyes névmások

I	*áj*	én
you	*jú*	te / ön / maga
he / she / it	*hí / sí / it*	ő
we	*uí*	mi
you	*jú*	te / önök / maguk
they	*đéj*	ők

Szerencsére az angolban nem kell tartanunk attól a kíntól, amit a magyar nyelvben a helyes megszólítás kiválasztása okoz. Nem kell sokat gondolkodnunk azon, hogy beszélgetőtársunkat tegezni, önözni, vagy éppen magázni akarjuk-e, mivel a második személyű megszólításnak csak egy formája van: „**you**" (te/ön/maga = egyesszám; ti/önök/maguk = többesszám).

Az angol nyelv a „**you**" szót „az ember" általános alanyi értelmének kifejezésére is használja.

Birtokos névmások

my	*máj*	enyém
your	*jor*	tiéd/öné/magáé
his/her/its	*hisz/hör/itsz*	övé
our	*auör*	miénk
your	*jor*	tiétek/önöké/maguké
their	*đeö*	övék

Mutató névmások

this	*đisz*	ez
that	*đät*	az
these	*đíz*	ezek
those	*đóz*	azok

A MELLÉKNEVEK

Hasonlóan a magyarhoz, a melléknév alakja változatlan marad, akár egyes-, akár többesszámban használják éppen:

a nice book	**nice books**
e nájsz buk	*nájsz buksz*
egy szép könyv	szép könyvek

Melléknevek fokozása

Az angol nyelv két módját ismeri a melléknevek fokozásának.

Az első lehetőség a melléknév kiegészítése az **-er,** illetve **-est** toldalékok valamelyikével:

melléknév	középfok	felsőfok
cheap	**cheaper**	**cheapest**
csíp	*csípör*	*csípeszt*
olcsó	olcsóbb	legolcsóbb

A második lehetőség a melléknév elé a **more** (több), illetve a **most** (legtöbb) szavak valamelyikének odaillesztése:

melléknév	középfok	felsőfok
expensive	**more expensive**	**most expensive**
ikszpensziv	*mór ikszpensziv*	*mószt ikszpensziv*
drága	drágább	legdrágább

FONTOSABB MELLÉKNEVEK

nice - ugly	*nájsz - agli*	szép - csúnya
expensive - cheap	*ikszpensziv - csíp*	drága - olcsó
good - bad	*gud - bed*	jó - rossz
near - far	*nír - faa*	közel - távol
long - short	*long - sort*	rövid - hosszú
open - closed	*ópn - klózd*	nyitva - zárva
rich - poor	*rics - púr*	gazdag - szegény
hot - cold	*hot - kóld*	forró - hideg
clean - dirty	*klín - dörti*	tiszta - piszkos
strong - weak	*sztrong - uík*	erős - gyenge
high - low	*háj - lóu*	magasan - alacsonyan
dry - wet	*dráj - uet*	száraz - nedves
slow	*szlóu*	lassú
quick /fast	*kuik / faaszt*	gyors
new / young	*nyú / jang*	új / fiatal
old	*óuld*	öreg
much / many	*maccs / mäni*	sok
little / few	*litl / fjú*	kicsi / kevés
engaged	*ingédzsd*	foglalt
free	*frí*	szabad
simple	*szimpl*	egyszerű
difficult	*difiklt*	bonyolult
true / right	*trú / rájt*	igaz / helyes
wrong	*rong*	hibás / rossz
hard	*haad*	nehéz / bonyolult
soft	*szoft*	puha
stupid	*sztjúpid*	buta
clever	*kläva*	okos
dark	*daak*	sötét
bright	*brájt*	világos / fényes
friendly	*frändli*	barátságos
unfriendly	*anfränndli*	barátságtalan

19

Mégsem választhatunk szabadon a rendelkezésünkre álló két foko-
zási lehetőség közül. Az egyszótagosként kiejtett mellékneveket az első
módszer, míg a három- és többszótagosként kiejtett mellékneveket a
második szerint kell fokozni.

Mindkét módszer szerint fokozhatók a kétszótagos melléknevek.
Fölösleges a pontos szabályok megtanulásával vesződni, úgyis megér-
tik, amit mondani akarunk.

Kivételek:

good	better	the best
gud	*bätör*	*beszt*
jó	jobb	a legjobb
bad	worse	the worst
bed	*uörsz*	*uörszt*
rossz	rosszabb	a legrosszabb
little	less	the least
littl	*lesz*	*dö líszt*
kevés	kevesebb	a legkevesebb

Két vagy több dolgot angolul ugyanúgy hasonlíthatunk össze, mint
magyarul is tesszük:

1.	**(not) as big as ...**	
	(not) äz big äz...	
	(nem) olyan nagy, mint ...	

2.	**bigger than ...**	**more comfortable than**
	biggör dän	*mór kamfrtibl dän*
	nagyobb, mint	több kényelmes mint
		kényelmesebb, mint

20

Egész mondatokban ez így néz ki:

The beach in Acapulco is (not) as nice as in Brighton.
dö bícs in Akapulko iz (not) ez nájsz ez in Brájton
a strand-ban acapulco van (nem) olyan szép mint -ban brighton
A strand Acapulcoban (nem) olyan szép, mint Brightonban.

This church is bigger than that one.
disz csörcs iz biggör dän det uann
ez a templom van nagyobb mint az egy
Ez a templom nagyobb, mint amaz.

This hotel is more comfortable than the youth hostel.
disz hótel iz mór kamfortäbl dän dö jút hosztl
Ez a szálloda kényelmesebb, mint az ifjúsági szálló.

HATÁROZÓSZÓK

A melléknevek főneveket pontosítanak. A határozószók ezzel szemben igéket, mellékneveket, vagy éppen egész mondatokat pontosítanak.

Nem kellene külön foglalkoznunk a határozószókkal, ha csakúgy, mint a magyarban, a melléknevekből képzett határozószók alakja az angolban is nem különbözne a melléknévétől. A határozószók végződése az angol nyelvben **-ly**.

He is a careful driver.
Hí iz ä kerful drájvör
(Ő) Óvatos vezető.

Ebben a példában a „**careful**" szó melléknév, mivel a főnévre vonatkozik. A **-ly** toldalék segítségével határozószóvá alakíthatjuk:

He drives carefully.
Hí drájvz kerfulli
ő vezet óvatosan
Óvatosan vezet.

Ebben a példában viszont a „careful" szó határozószó, mivel az igére vonatkozik.

He drives carefully

He is extremely nervous
Hí iz iksztrímli nörvösz
(Ő) nagyon ideges.

Ebben a példában az „extremely" határozószó, mivel a melléknevet (nervous) pontosítja.

Az angol nyelvnek ez a tulajdonsága a magyar anyanyelvűeknek szerencsére nem okoz sok gondot, mert mindkét nyelv hasonlóan jár el.

Igék és idők

Jóval több gondot szokott okozni az angol igeidőknek a magyartól teljes mértékben idegen rendszere, mely külön fejezetet érdemelne. Az elkövetkezendőkben azonban csupán a beszéd során leggyakrabban előforduló négy igeidő ismertetésére szorítkozunk:

1. jelen   (megyek)
2. múlt   (ment)
3. befejezett jelen   (elmentél)
4. jövő   (el fogunk menni)

E négy igeidő használata révén minden beszédhelyzetben boldogulhatunk. Nyugodtan lemondhatunk a múlt idő és a befejezett jelenidő használata közötti aprólékos különbségtételről, miután sok **„native speaker"** (az angol nyelvet anyanyelveként beszélő személy) sincs egészen tisztában a különbség mibenlétével.

FOLYAMATOS ALAKOK

Az egyes igeidők ismertetésének megkezdése előtt meg kell említenem, hogy az angol nyelvben az idő kifejezésének minden esetben két lehetősége van, nevezetesen az „egyszerű alak", melyet a magyar nyelvben is használunk (**I go** = megyek), és a „folyamatos alak", mely magyarban is képezhető, de nem használatos (**I am going** = menőben / menet közben vagyok).

Fölösleges mindkét forma használatát megtanulni, de mivel a folyamatos alak az élőbeszédben gyakran előfordul, legalább a létezéséről tudni kell. Hogy az ember kezdőként is megpróbálkozik-e a folyamatos alak használatával, az elsősorban azon múlik, mennyire pontosan szeretné magát megértetni. Abban az esetben, ha beszédben találkoznánk vele, mégis jobb, ha tudjuk, mivel állunk szemben. Azért nevezik folyamatos alaknak, mert egy bizonyos időszakon át tartó eseményt vagy történést fejez ki.

23

Magyarra általában ugyanúgy fordíthatjuk a folyamatos alakot is, mint a neki megfelelő egyszerű alakot. A folyamatosság hangsúlyozására pedig az alábbiakhoz hasonló szerkezetek nyújtanak segítséget:
– mialatt (mentem)
– éppen (mentem)
– éppen (elmenőben voltam)

JELEN IDŐ

• Egyszerű alak

A magyar igeragozás olyan, hogy minden igeidőben (és minden személyben) más ragot kell az igetőhöz illeszteni (én látok, te látsz, stb). Ebben a tekintetben az angol sokkal egyszerűbben jár el: itt egy kivétellel eltűnnek a bonyolult végződések - ez a kivétel pedig az egyes szám 3. személy (he / she / it) jelenidejű alakja, amelyben az igetőhöz az -s rag kapcsolódik:

I	eat	áj	ít	én	eszem
you	eat	jú	ít	te	eszel
he / she /it	eats	hí / sí /it	ítsz	ő	eszik
we	eat	uí	ít	mi	eszünk
you	eat	jú	ít	ti	esztek
they	eat	đéj	ít	ők	esznek

Csaknem valamennyi ige egyszerű formájának jelenidejű ragozása ilyen egyszerű. Két nagy fontosságú különleges eset azért akad, nevezetesen a „van" (be) és a „birtokolni" (have). E két ige ragozását, akár tetszik, akár nem, be kell magolni, mert minden más igénél gyakrabban van rájuk szükség.

I	am	áj	em	én	vagyok
you	are	jú	aar	te	vagy
he / she /it	is	hí / sí /it	iz	ő	van
we	are	uí	aar	mi	vagyunk
you	are	jú	aar	ti	vagytok
they	are	đéj	aar	ők	vannak

24

I	have	áj	hev	én	(segédige)
you	have	jú	hev	te	(segédige)
he / she /it	has	hí / sí /it	hez	ő	(segédige)
we	have	uí	hev	mi	(segédige)
you	have	jú	hev	ti	(segédige)
they	have	đéj	hev	ők	(segédige)

• **Folyamatos alak**

A folyamatos alak magyarul csak körülményesen fejezhető ki: menőben vagyok / utazóban vagy, stb. (éppen elindulni / elutazni készülök, stb...) Ezt a mi füleinknek idegenül hangzó fordulatot kell csak szó szerint angolra fordítani, s máris készen áll a tökéletes folyamatos formájú alak. Ilyenkor a második ige kiegészül az -ing toldalékkal.

I am travelling	áj äm <u>tre</u>völing	én utazom (utazóban vagyok)
you are travelling	jú aar <u>tre</u>völing	te utazol (utazóban vagy)
he / she / it is travelling	hí / sí / it iz <u>tre</u>völing	ő utazik (utazóban van)
we are travelling	uí aar <u>tre</u>völing	mi utazunk (utazóban vagyunk)
you are travelling	jú aar <u>tre</u>völing	ti utaztok (utazóban vagytok)
they are travelling	đéj aar <u>tre</u>völing	ők utaznak (utazóban vannak)

Hasonló módon képezhető a legtöbb angol ige folyamatos alakja.

they are sleeping	éppen alszanak	alvás közben vannak
I am smoking	éppen dohányzom (rágyújtok)	dohányzom (szívok egy cigarettát)

I am smoking

A MÚLT IDŐ

A múlt időt akkor használjuk, amikor egy valóban múltbéli, már lezárult eseményt akarunk kifejezni. Különösen akkor kötelező a múltidő használata (például kb.: béreltem; már nem bérlem) a befejezett jelennel (például kb.: kibéreltem; még mindig bérlem) szemben, amikor az idő konkrét meghatározásával kívánunk a múltról beszélni.

Last year I rented an appartment.
Tavaly béreltem egy lakást.
Az időmeghatározások az alábbiakhoz hasonló formát ölthetik:

last week	*laaszt uík*	a múlt héten
yesterday	*jäsztördéj*	tegnap
the day before	*đö déj bifór*	az azt megelőző napon
a week ago	*a uík ägó*	egy hete

26

A szabályosan ragozódó igék múltidejének képzése egyszerű: a szótőt egyszerűen ki kell egészíteni az **-ed** toldalékkal.

A Függelékben megtalálható a legfontosabb rendhagyó igék táblázata. Ajánlatos a gyakrabban használt rendhagyó igéket kívülről megtanulni.

Vígaszként mondom, azok számára, akiknek ez az egész túl bonyolultnak tűnik: az igeragozásban az egész múlt időben nem változnak a végződések.

I rented	*áj räntid*	én béreltem
you rented	*jú räntid*	te béreltél
he /she / it rented	*hí / sí / it räntid*	ő bérelt
we rented	*uí räntid*	mi béreltünk
you rented	*jú räntid*	ti béreltetek
they rented	*déj räntid*	ők béreltek

Mivel ezt a két igét igen gyakran kell használnia az embernek, ezért helyesebb, ha most azonnal megtanulja a **have** és a **be** igék múltidejét:

I had	*áj hed*	nekem volt / segédige
you had	*jú hed*	neked volt / segédige
stb.		

a **had** formája valamennyi számban és személyben azonos.

I was	*áj uaaz*	én voltam
you were	*jú uör*	te voltál
he / she / it was	*hí / sí / it uaaz*	ő volt
we were	*uí uör*	mi voltunk
you were	*jú uör*	ti voltatok
they were	*déj uör*	ők voltak

27

A múlt idő folyamatos alakja azt fejezi ki, hogy egy cselekvés a múltban egy bizonyos időszakon át tartott. Ennek kifejezésére sajnos magyarban nincs igealak, nyelvünkben ugyanezt a hatást határozószókkal tudjuk elérni. Angolban képzése igen egyszerű, a **be** ige megfelelő múlt idejű alakját (ld. fent) a második ige **-ing** toldalékkal ellátva követi.

I was eating	*áj uaaz íting*	éppen ettem / evés közben voltam
you were eating	*jú uör íting*	éppen ettél / evés közben voltál
he / she / it was eating	*hí / sí / it uaaz íting*	éppen evett / evés közben volt
we were eating	*uí uör íting*	éppen ettünk / evés közben voltunk
you were	*jú uör íting*	éppen ettetek / evés közben voltatok
they were eating	*déj uör íting*	éppen ettek / evés közben voltak

Ha az embernek nincs kedve a rendhagyó igék múlt idejét megtanulni, megteheti azt is, hogy a múlt idő egyszerű alakját a neki megfelelő folyamatos alakkal helyettesíti.

BEFEJEZETT JELEN

A befejezett jelen magyarra fordítása nem egyértelmű. Ha olyan cselekvést fejez ki, amely a múltban kezdődött, de a jelenben is tart, jelenidővel fordítjuk magyarra. Amennyiben azonban olyan cselekvést fejez ki, amely a múltban kezdődött, be is fejeződött, de eredménye a jelenben is érezhető, múltidővel fordítjuk. A befejezett múlt magyarra fordításánál képzése mindenképpen egyszerűbb: minden esetben a

28

have egy alakjának segítségével történik. Ehhez kapcsolódik a megfelelő ige múltidejű alakja **-ed** végződésével, például **I have travelled** (utaztam), **I have rented** (kibéreltem / béreltem).

I have travelled	*áj hev trävöld*	én utaztam
you have travelled	*jú hev trävöld*	te utaztál
he / she / it has travelled	*hí / sí / it hez trävöld*	ő utazott
we have travelled	*uí hev trävöld*	mi utaztunk
you have travelled	*jú hev trävöld*	ti utaztatok
they have travelled	*déj hev trävöld*	ők utaztak

Sok ige befejezett jelenidejének képzése is rendhagyó. Ennek következtében az ember a rendhagyó igék táblázatának ismerete nélkül nem boldogul. Nem térünk ehelyütt ki a befejezett jelenidő folyamatos alakjára, melynek képzése túl bonyolult. Az egyszerű alak is biztosítja, hogy megértsék az embert.

Lássunk egy példát arra az esetre, amikor a befejezett múlt olyan cselekvést fejez ki, amely a múltban kezdődött, de a jelenben is tart:

I have lived in London for one year.
Áj hev livd in London fór uan jír
Én (segédige) éltem -ban London -ig egy év
Egy éve élek Londonban.

Az időtartamra az angol nyelvben két szóval utalhatunk, ezek a **since** és a **for**. A **since** egy pontosan meghatározott időpont óta tartó időszakot jelöl, míg a **for** időtartamot.

Since Christmas she has waited for an answer.
Szinsz krisztmäsz sí hez uétid for än enszuör
óta karácsony ő (segédige) vár -ra egy válasz
Karácsony óta várja a választ.

For three months she has waited for an answer.
For trí montsz sí hez uétid fór än enszuör
-ja három hónap ő (segédige) vár -ra egy válasz
Három hónapja vár a válaszra.

JÖVŐ IDŐ

Az angol nyelv több módját ismeri a jövő idő kifejezésének. Most csak a **will** segítégével képzett jövő idő ismertetésére szorítkozunk. Ez nagyon hasonlít a magyar nyelvben használt alakhoz, s azonkívül a leggyakrabban is alkalmazzák. Képzése egyszerű: az ige ragozatlan alakja egyes, illetve többes szám első személyben a **shall**, egyébként pedig a **will** szó követi.

I shall go	*áj sel gó*	én fogok menni
you will go	*jú uill gó*	te fogsz menni
he / she / it will go	*hí / sí / it uil gó*	ő fog menni
we shall go	*uí sel gó*	mi fogunk menni
you will go	*jú uil gó*	ti fogtok menni
they will go	*déj uil gó*	ők fognak menni

Magyarban gyakran előfordul, hogy jövőben bekövetkező cselekvést jelenidejű igealakkal fejezünk ki (például: holnap uszodába megyek). Ezt az angol nem engedi meg. A jövőben bekövetkező dolgok kifejezése csak az ige jövőidejű alakja által lehetséges.

MÓDBELI SEGÉDIGÉK

A módbeli segédigéket mindig igék kíséretében használjuk. Azt fejezhetjük ki általuk, hogy egy cselekvést végre lehet, kell, kötelező, stb. hajtani. Például:

Módbeli segédige			
Személy	jelenidő	múltidő	Ige
I	**can**	**could**	**read**
áj	*ken*	*kud*	*ríd*
én	tudok	tudtam	olvas(ni)
she	**may**	**might**	**go**
sí	*méj*	*májt*	*gó*
ő	szabad	szabad volt	elmenni (elment/elmehetett)

30

Módbeli segédige			
Személy	jelenidő	múltidő	Ige
they	**must**	-*	**ask**
déj	*maszt*	-	*aaszk*
ők	kell	-	megkérdezni (meg kell kérdezniük)

*A **must** módbeli segédigének nem képezhető múlt idejű alakja. Helyette a **have to** szerkezet múltidejű alakja alkalmazható:

I had to leave my camera behind.
Áj hed tu lív máj kemöra bihájnd
én (segédige) hagyni enyém kamera hátra
Ott kellett hagynom a kamerámat / fényképezőgépemet.

A módbeli segédigék jelenidejű alakja nem változik. Még **he/she/it** esetében sem csatlakozik hozzájuk az **-s** toldalék. Folyamatos alakjuk sem képezhető. Tagadó alakjukat az őket követő, vagy hozzájuk illesztett **not**, illetve **n't** révén képzik, például: **he mustn't go** (nem szabad elmennie). Ha az ember módbeli segédigét nem jövő-, illetve jelen időben szeretne kifejezni, úgy ezt más kifejezéssel kell körülírnia, ezeket nem érdemes megtanulni, de ha éppen szükség van rá, szótárunkból nyugodtan előkereshetjük őket.

A magyar „akar" ige tartalmát angolul a **want** fejezi ki. Igeként valamennyi időben képezhető alakja, egymagában is állhat, vagyis követő ige nélkül. Amennyiben ige követi, ezt a **to** révén kapcsoljuk hozzá:

She wants another drink.
Sí uantsz änoda drink
Ő akar egy másik italt
Kér még egy italt.

31

He didn't want to take her home.
Hí didnt uont tu ték hör hóm
Ő (segédige) nem akarta vinni őt haza
Nem akarta hazavinni.

ELÖLJÁRÓK

Az alábbi felsorolás a legfontosabb elöljárószókat tartalmazza, megjelölve fő jelentésüket. Természetesen ennél sokkal több elöljárószó létezik.

at

at 8 o'clock (időbeli)   8 órakor
ät éjt a klok

at the moment (időbeli)   jelen pillanatban
ät dö mómnt

at night (időbeli)   éjszaka
ät nájt

at home(helybeli)   otthon
ät hóm

at the bus stop (helybeli)   a buszmegállónál / -ban
ät dö basz sztop

on

on Friday (időbeli)   pénteken
on frájdéj

on the table (helybeli)   az asztalon
on dö tébl

in

in 1975 (időbeli)   1975-ben
in nájntínhandridszävöntifájv

in the morning (időbeli)   reggel
in dö mórning

in London (helybeli)   Londonban
in London

32

At the bus stop

in English
in inglis
angolul

of

a cup of tea
ä kap ov tí
egy csésze tea

the songs of the Rolling Stones
dö szongsz ov dö róling sztónsz
a Rolling Stones (együttes) dalai

made of gold
méjd ov góld
aranyból készült

a ring of gold
ä ring ov góld
egy aranygyűrű

Az egyes mondatrészek helye a mondatban

Az angol mondatban a szórend sokkal kötöttebb, mint a magyarban. A mondatrészek az alábbi sorrendben követik egymást:

Alany (ki? vagy mi?) **- Állítmány - Tárgy** (kit? vagy mit?); vagy
Alany - Állítmány - Határozók

ki? (Alany)	Állítmány	mit? (Tárgy)
Jill	**books**	**a trip.**
dzsill	*buksz*	*ä trip*
Jill	lefoglalja	a helyet az utazásra.

A magyartól eltérően tehát ebben a nyelvben az alany és az állítmány mindig egymást követi. A magyarral ellentétben ez a sorrend akkor is megmarad, ha a mondat más mondatrészekkel is kiegészül. Például:

Időmeghatározás	Alany	Állítmány	Helymeghatározás
At nine o'clock	**John**	**goes**	**to the museum**
ät nájn a klok	*dzsan*	*góz*	*tu đö mjúzíum*
Kilenckor	John	elmegy	a múzeumhoz
John kilenckor elmegy a múzeumba.			

Ez a szórend érvényes alárendelő összetett mondatok esetén is, tehát akkor, amikor egy főmondat és egy mellékmondat egy mondattá kapcsolódik össze.

Alany	Állítmány	Tárgy	Kötőszó	Alany	Állítmány
I	**eat**	**a pizza,**	**because**	**I**	**am hungry.**
áj	*ít*	*ä pizza*	*bikóz*	*áj*	*em hangri*
Én	eszem	egy pizzát,	mert	én	éhes vagyok
Eszem egy pizzát, mert éhes vagyok.					

34

A tagadás

A magyartól eltérően az angol nyelvben a legtöbb mondat tagadó alakjának megformálásához valamennyi igeidőben szükség van segédigék használatára. Mivel a szokványos ige (a tulajdonképpeni ige) alakja mindig változatlan marad, nem képes kifejezni, hogy milyen időre, vagy melyik személyre vonatkozik, ezért ezt a feladatot egy segédigének kell ellátnia. Amennyiben a mondatban segédige még nem található, ki kell egészíteni a **do** (csinál) tagadott alakjával, melyet azonban magyarra nem kell lefordítani. Jelenidőben a **do** tagadott alakja **do not** (3. személyben **does not**), míg múltidőben egységesen **did not**.

A beszélt nyelvben a fenti **not** közvetlenül az igéhez kapcsolódik, és ejtése is rövidül. Így a **do not don't**-ra változik, a **does not**-ból **doesn't** lesz, a **did not**-ból pedig **didn't**.

I don't	see	the	problem
Áj dónt	*szí*	*dö*	*praablm*
Én csinál nem	lát	a	probléma
Én nem	látok	-	gondot.

Amennyiben olyan mondatot kell tagadni, melyben segédige már található, úgy azt kell tagadni. Ilyenkor a **do**-ra nincs szükség.

She	can't	manage	her	luggage
sí	*kent*	*mänidzs*	*hör*	*lagidzs*
Ő	nem képes	boldogulni	övé	csomag
Nem képes		boldogulni		a csomagjával.

35

Kérdőszavak / Kérdő mondatok

Alább következik a legfontosabb kérdőszavak felsorolása, jelentésükkel együtt.

where?	*uer*	hol?
what?	*uat*	mi?
who?	*hú*	ki? / kit?
whom?	*hum*	kit?
when?	*uän*	mikor?
why?	*uáj*	miért?
how?	*hau*	miként? / hogyan?
how many?	*hau mäni*	hány? (megszámlálható)
how much?	*hau mács*	hány (megszámlálhatatlan)
how long?	*hau long*	milyen hosszú?

SZÓREND A KÉRDŐMONDATBAN

Amennyiben a kérdőszó a mondat alanya, a szokványos szórend (alany - állítmány - tárgy) marad érvényben.

Alany	állítmány	tárgy (kinek?)	tárgy (mit?)
Who	**told**	**you**	**that news?**
Hú	*told*	*jú*	*det nyúz*
Ki mondta el neked ezt az újságot?			

Mivel azonban a kérdőmondatoknak ez a fajtája meglehetősen ritkán fordul elő, az embernek, ha tetszik, ha nem, meg kell tanulnia az egyéb kérdőmondatok szórendjét is. Ez a tagadás elsajátítása után nem is fog olyan nehezen menni: a kérdéseket is a **do** megfelelő alakja segítségével lehet képezni, melyet a kérdőszó és az alany közé kell illeszteni:

Kérdőszó	Segédige	Alany	Ige	Tárgy
Why	**do**	**you**	**take**	**the bus?**
Uáj	*dú*	*jú*	*téjk*	*đö basz*
Miért	segédige	te	veszed	a busz
Miért mész	busszal?			

Kérdőszó	Segédige	Alany	Ige
When	**does**	**the boat**	**leave?**
Uän	*dáz*	*đö bót*	*lív*
Mikor	segédige	a hajó	elmegy
Mikor indul a hajó?			

Amennyiben a mondatban segédige már szerepel, úgy ennek a mondatban elfoglalt helye változik meg, s ez jelzi a kérdést.

Kérdőszó	segédige	alany	ige	tárgy
Where	**will**	**they**	**spend**	**their holidays?**
Uer	*uill*	*đéj*	*szpänd*	*đer halidéjz*
Hol	fogják	ők	eltölteni	övék szabadság
Hol töltik el a szabadságukat?				

Who told you that news?

37

Természetesen angolul is képezhetünk olyan kérdőmondatokat, amelyekben külön kérdőszó nem szerepel. Ilyenkor az alábbi szórendet kell alkalmazni.

Segédige	Alany	Ige
Does	**the boat**	**leave?**
Segédige	*a hajó*	*megy*

El fog indulni a hajó?

A válasz:	**Yes it does.**	**No it doesn't.**
	Igen, ő csinál	Nem, ő nem csinál
	Igen.	Nem.

Múltidejű kérdések esetén a következő a helyzet;

Segédige	Alany	Ige	Tárgy
Did	**my brother**	**forget**	**his ticket?**
Did	*máj broda*	*forgit*	*hiz tikit*
Segédige	enyém testvér	elfelejt	jegy

Elfelejtette a bátyám a jegyét?

Válasz:	**Yes, he did.**	**No, he didn't.**
	jesz, hí did	*nó, hí didnt*
	Igen, ő csinálta	Nem, ő nem csinálta
	Igen.	Nem.

A tulajdonképpeni ige tehát változatlan marad. A múlt időt a **do** múlt idejű alakja, a **did** révén fejezzük ki, mely minden számban és személyben azonos marad.

Kötőszavak

A kötőszavak fontosságát akkor kezdjük el érezni, amikor egy kicsit már tudunk angolul, és megkísérelünk hosszabb mondatokat alkotni. Álljanak ezért itt csupán a legfontosabbak:

because	*bikóz*	mivel /mert (nem állhat mondat kezdetén)
but	*bat*	de / ellenben
if	*if*	ha
and	*end*	és
although	*aaldó*	jóllehet / habár
therefore	*đerfór*	azért
that	*đet*	hogy

Példák:

This is my son and this is my daughter.
đisz iz máj szan end đisz iz máj dóter
Ő a fiam és ő a lányom.

He is a really polite man, but he is so boring.
Hí iz ä riäli polájt men, bat hí iz szó bóring
Nagyon udvarias ember, de olyan unalmas.

Nyelvtanulás könnyűszerrel!

Számok és mennyiségek

Az angol számok rendszere sokban hasonlít a magyarhoz:

0	**zero**	*zíró*		11	**eleven**	*ilävn*
1	**one**	*uan*		12	**twelve**	*tuälv*
2	**two**	*tú*		13	**thirteen**	*törtín*
3	**three**	*trí*		14	**fourteen**	*fórtín*
4	**four**	*fór*		15	**fifteen**	*fiftín*
5	**five**	*fájv*		16	**sixteen**	*sziksztín*
6	**six**	*szix*		17	**seventeen**	*szevntín*
7	**seven**	*szevn*		18	**eighteen**	*éjtín*
8	**eight**	*éjt*		19	**nineteen**	*nájntín*
9	**nine**	*nájn*		20	**twenty**	*tuenti*
10	**ten**	*ten*				

Húsz után az egyes helyiérték számai mindig a tízes helyiértékei után következnek, tehát körülbelül úgy, mint magyarul:

21	**twenty-one**	*tuenti uan*
22	**twenty-two**	*tuenti tú*
30	**thirty**	*törti*
31	**thirty-one**	*törti uan*
40	**forty**	*forti*
50	**fifty**	*fifti*
60	**sixty**	*szikszti*
70	**seventy**	*szevnti*
80	**eighty**	*éjti*
90	**ninety**	*nájnti*
100	**(one) hundred**	*(uan) handrid*
500	**five hundred**	*fájv handrid*
1000	**(one) thousand**	*(uan) tauzend*
10 000	**ten thousand**	*tän tauzend*
1 000 000	**one million**	*uan miljon*

Sorszámnevek

Az egytől háromig terjedő számok kivételével a sorszámokat úgy kaphatjuk, hogy a megfelelő tőszámnév végére a **-th** végződést illesztjük:

1st	**first**	*förszt*
2nd	**second**	*szäknd*
3rd	**third**	*đörd*
4th	**fourth**	*fórt*
5th	**fifth**	*fift*
10th	**tenth**	*tänt*
11th	**eleventh**	*ilävnt*
12th	**twelfth**	*tuälvt*
13th	**thirteenth**	*đörtínt*
20th	**twentieth**	*tuäntiät*
21st	**twenty-first**	*tuänti förszt*
22nd	**twenty-second**	*tuänti szäknd*

once	*uansz*	egyszer
twice	*tuájsz*	kétszer
three times	*trí tájmsz*	háromszor
four times	*fór tájmsz*	négyszer
sometimes	*szamtájmsz*	néha

41

Mennyiségek

some	*szam*	néhány
any	*äni*	néhány (kérdés és tagadás esetén)
every	*ävri*	valamennyi (az összes) minden
no	*nó*	egyetlen egy sem
many	*mäni*	sok (megszámlálható: személyek / dolgok)
much	*macs*	sok (megszámlálhatatlan: anyag)
a lot of	*ä lat ov*	sok
a few	*ä fjú*	néhány
a little	*ä littl*	egy kevés
all	*ól*	az összes
a kilo	*ä kíló*	egy kiló
a pound of	*ä paund ov*	egy font (fél kiló)
a litre	*a litär*	egy liter
half of	*haalf ov*	fele (vminek)
a quarter of	*kuóter ov*	negyede (vminek)
a piece of	*ä písz ov*	egy darab (vmiből)
a pair of	*ä per ov*	egy pár

Az idő meghatározása

AZ ÓRA

an hour	*än aur*	egy óra
a minute	*ä minit*	egy perc
a second	*ä szeknd*	egy másodperc
half an hour	*haalf än aur*	fél óra
a quartet of an hour	*ä kuóter ov än aur*	negyedóra
in time	*in tájm*	időben

What's the time, please?
Uotsz dö tájm, plíz
Mi (segédige) az idő, kérem
Legyen szíves, mennyi az idő?

Can you tell me the time?
Ken jú täl mí dö tájm
Tudja maga megmondani nekem az idő
Meg tudná mondani, mennyi az idő?

It's late / early.
Itsz lét / örli.
Késő / korán van.

The train is late.
de tréjn iz lét
A vonat késik.

The train arrives on time.
de tréjn ärájvz on tájm
A vonat érkezik -on idő
A vonat pontosan érkezik.

Amikor az időt közöljük, az óra első és harmincadik perce között a **past** (elmúlt) szó segítségével adjuk meg az előző egész óra óta eltelt percek számát, míg a 31. és 59. perc között a **to** szóval a következő egész óráig hátralévő időt adhatjuk meg.

2.24	**twenty four minutes past two**
	tuenti fór minitsz paaszt tú
	huszonnégy perccel múlt kettő
	hat perc múlva fél három
11.15	**quarter past eleven**
	kuóter paaszt ilävn
	negyeddel múlt tizenegy
	negyed tizenkettő
17.30	**half past five**
	haalf paaszt fájv
	féllel múlt öt
	fél hat
7.33	**twenty seven minutes to eight**
	tuänti szävn minitsz tu éjt
	huszonhét perc múlva nyolc
15.45	**quarter to four**
	kuóter tu fór
	negyedóra múlva négy
	háromnegyed négy
12.00	**twelve o'clock**
	tuälv o klok
	tizenkét óra

Különösen vonatok és más közlekedési eszközök indulási és érkezési idejének meghatározásakor gyakran hallható az egyszerű tőszámneves alak. Ilyenkor, hasonlóan a magyarhoz, szintén nem teszik hozzá az **o'clock** (órakor) szót: 5.31 = **five thirty-one**

What's the time?

Az angolok csak tizenkét óráig számolják az időt. A nulla és déli tizenkét óra közötti időszakot **a.m.**-mel (*éj äm*) jelölik, a déli tizenkét óra és éjfél közötti időszakot pedig **p.m.**-mel (*píäm*).

ÁLTALÁNOS IDŐJELÖLÉSEK

day	*déj*	nap
week	*uík*	hét
month	*mont*	hónap
date	*déjt*	dátum
yesterday	*jäsztördéj*	tegnap
tomorrow	*tumoró*	holnap
today	*tudéj*	ma

NAPSZAKOK

(in the) morning	*in ö mórning*	reggel
this morning	*disz mórning*	ma reggel
at lunch time	*ät löncs tájm*	ebédidőben / délben
in the afternoon	*in tö aafternún*	délután
(in the) evening	*ívning*	este
tonight	*tunájt*	ma este
(in the) night	*in tö nájt*	éjjel

A HÉT NAPJAI

Monday	*mondéj*	hétfő
Tuesday	*tjúzdéj*	kedd
Wednesday	*uänszdéj*	szerda
Thursday	*dörszdéj*	csütörtök
Friday	*frájdéj*	péntek
Saturday	*szätördéj*	szombat
Sunday	*szandéj*	vasárnap
on Monday	*on mondéj*	hétfőn

A HÓNAPOK

January	január	*dzsenyuäri*
February	február	*febrúeri*
March	március	*maacs*
April	április	*épril*
May	május	*méj*
June	június	*dzsún*
July	július	*dzsuláj*
August	augusztus	*óguszt*
September	szeptember	*szäptämbör*
October	október	*októbör*
November	november	*novämbör*
December	december	*díszämber*

ÉVSZAKOK

season	*szízn*	évszak
spring	*szpring*	tavasz
summer	*szamör*	nyár
autumn	*ótomn*	ősz
winter	*uinter*	tél

TÁRSALGÁS – Köszöntések

A leggyakoribb köszöntés a **'Hello'** (*helou*). Nemcsak közeli ismeretségben állók köszöntik így egymást - szinte a mi 'Jó napot!' üdvözlésünknek megfelelő a használata. Ezenkívül használatos még:

Good morning!	*goud morning*	Jó reggelt!
Good afternoon!	*goud aafternún*	Jó napot! (formális)
Good evening!	*goud ívning*	Jó estét!

Mellesleg: Angliában egyáltalán nem szokás üdvözlésként kezünket nyújtani.

Mivel az angolok számára az időjárás megkerülhetetlen téma, néha már magába az üdvözlésbe is beépítik:

"Good morning, Mrs. Miller, lovely day, isn't it?"
Goud morning, miszisz Millör, lavli déj, iznt it
Jó reggelt, Millerné, szép nap(unk van), nem igaz?

Ha az ember az üdvölésnek ezt a formáját nem találja vonzónak, tartózkodhat az időjárás szóbahozatalától.

How are you?	Thank you, I'm fine.
Hau aar jú	*tenk jú, ájm fájn*
Hogy vagy te	Köszönöm, vagyok jól
Hogy vagy?	Köszönöm jól.

BEMUTATKOZÁS

Az angol nyelv az alábbi megszólításokat ismeri:

Mr.	*Misztör*	úr
Mrs.	*Miszisz*	asszony, -né
Miss	*Missz*	kisasszony

48

Lovely day, isn't it?

Mivel angol nyelvterületeken is többen élnek olyanok, akik a férjezett asszonyok, illetve hajadonok megkülönböztetett megszólítását diszkriminációként fogják fel, az utóbbi években elterjedt egy semleges megszólítás is:

Ms. *Miz* nő (asszony vagy hajadon)

> **What's your name?** **My name is Fritz.**
> *Wotsz jur ném* *Máj ném iz fricc*
> Mi a neved Enyém név (van) Fritz
> Hogy hívnak? Fritznek.

A britek, de különösen az amerikaiak, az ismerkedést követően meglehetősen gyorsan térnek rá a keresztnevek használatára, ami a mi füleink számára először talán egy kicsit szokatlan.

That is my...	Ez az én...	
husband	*hazbend*	férj
wife	*uájf*	feleség
daughter	*dóter*	lánya vkinek
son	*szan*	fiúgyermeke vkinek
brother	*bradö*	fivér / öcs / báty
sister	*szisztö*	nővér / húg
boyfriend	*bojfränd*	barátom (pasim)
girlfirend	*görlfränd*	barátnőm (csajom)
friend	*fränd*	barátom

A '**boyfriend**' és a '**girlfriend**' kifejezés csak egymással érzelmi viszonyban állók esetében használatos, egyébként a barátság kifejezésére a '**friend**' szót kell használni, függetlenül attól, hogy nőről vagy férfiról van-e szó. Azok számára, akik nem szeretnék harmincon felüli 'barátjukat' **boyfriend**nek nevezni, egy ideje elterjedőben van a **manfriend** szó is. A **womanfriend** kifejezés viszont még nem elfogadott forma.

Ha nagyon udvariasan kívánunk valakit bemutatni, az alábbi formát használhatjuk:

May I introduce you to my wife?
Méj áj introgyúsz jú tu máj uájf
szabad én bemutat ön -nek enyém feleség
Bemutathatom a feleségemnek? / Engedje meg, hogy bemutassam a feleségemnek!

Ha az embert bemutatták valakinek, a társalgást az alábbi fordulattal folytathatja:

How do you do?
Hau du ju dú
Hogyan csinál ön
Örvendek.

mire a beszélgetőtárs ugyanezen fordulattal válaszol.

BÚCSÚZÁS

Természetesen a búcsúzás esetében is megkülönböztethetünk formális, illetve informális fordulatokat:

Good-bye!	_gud báj_	Viszontlátásra!
Good night!	_gud nájt_	Jó éjszakát!
Bye-bye! (vagy egyszerűen **Bye!**)	_báj-báj_	Viszlát! / Szia!
See you later!	_szí jú létö_	Szia!
Cheerio!	_csírió_	Szia!

A „**Cheerio**" kifejezés egyébként az „Egészségedre!" jelentésben fordul gyakran elő, italozás közben.

UDVARIASSÁGI FORDULATOK

Kérem / Köszönöm

Igen sok értelemben használt „kérem" szavunkat az angol nyelv több formában adja vissza. Csak abban az esetben fordul elő „**please**"-ként, ha kívánságot fejezünk ki általa:

Pass me the butter, please!
Pesz mí dö battö, plíz
Adja ide a vajat, kérem!

Amennyiben ilyen kívánságot teljesítettünk, és a köszönést fogadjuk, így válaszolhatunk:

You are welcome!
Jú aar uelkam
Kérem! / Szívesen!

Magyarul a „Tessék" szót használjuk, amikor a fenti kívánságot végrehajtjuk:

Here you are!
Hír jú aar.
Itt ön van!
Tessék!

Bocsánatkérésre válaszul:
That's all right!
dätsz ól rájt
Az rendben van!
Kérem. / Nem történt semmi.

Ugyanezt a szót használjuk, ha valamit nem értettünk, és szeretnénk, ha beszélgetőtársunk megismételné, amit mondott:
Pardon?
Paadn
Tessék? / Kérem?

Thank you!	Köszönöm!
Thanks!	Köszönöm!
Thank you very much!	Nagyon szépen köszönöm!
Thank you, too!	Én köszönöm!

Thank you very much!

ISMERETSÉG

Where do you come from?
Uer du jú kam from
Honnan csinálsz te jön -ból
Honnan jössz? / Hova valósi vagy?

How old are you?
Hau old aar jú
Milyen idős vagy?

Are you married?
Aar jú meríd
Nős / férjezett vagy?

How long have you been here?
Hau long häv jú bín hír
Milyen hosszan van te volt itt
Mennyi ideje vagy itt?

Have you got children?
Häv jú got csildren
Van neked kapott gyerekek
Van gyereked?

I'm spending my holidays here.
Ájm szpänding máj halidéjz hír
Én vagyok töltöm én szabadság itt
Itt töltöm a szabadságomat.

What do you do (for a living)?
Ua du jú dú (for ä living)
Mit csinál te csinálsz(-ért egy élés)
Mi a foglalkozásod?

I'm a	Én	vagyok.
shop-assistant	*sop äszisztnt*	eladó
car mechanic	*kaa mäkenik*	autószerelő
hairdresser	*herdrässzö*	fodrász
clerk	*klaak*	irodai alkalmazott
nurse	*nörsz*	ápolónő
joiner	*dzsoiner*	asztalos

I like playing tennis.
Áj lájk pléjing tänisz
Én szeret játszani tenisz
Szeretek teniszezni.

Do you like it here?
Dú jú lájk it hír
Csinálsz te szeret azt itt
Szeretsz itt lenni?

Yes, it's wonderful.	**No, it's boring.**
Jäsz, itsz uanderful	*Nó, itsz bóring*
Igen, az van csodálatos	Nem, az van unalmas
Igen, nagyon jó itt.	Nem, unalmas.

The beach is overcrowded.
dö bícs iz óvörkraudid
A part túlzsúfolt.

This place is a tourist haunt.
disz plész iz a turiszt haunt.
Ez a hely a turisták rémálma.

HAGYJÁL BÉKÉN!

Ha az embert idegesíti a társalgás, vagy egyszerűen csak egyedül akar lenni, az alábbi, különböző stílusértékű kifejezéseket használhatja:

I'm sorry, I have to leave.
Ájm szori, áj häv tu lív
Sajnálom, én van elmenni
Ne haragudjon, sietnem kell.

Leave me alone.
Lív mí älón
Hagyj magamra / békén!

Beat it!	**Get lost!**
Bít it	*Git loszt*
Verd meg.	Kapj elveszés
Kopj le!	Szállj le rólam!

Piss off!
Menj a picsába!

Érzések

Ha az ember már egy kis tapasztalattal rendelkezik az angol nyelv használatát illetően, vagyis már nem csupán érdeklődni tud valami iránt, de valóban társalogni is képes valakivel, szükség lehet az érzéseit, például egyetértését vagy egyet nem értését bemutató kifejezések ismeretére.

I absolutely agree / disagree.
Áj äbszolútli ägrí / diszägrí.
Én teljesen egyetértek / nem-egyetértek
Teljesen egyetértek / Egyáltalán nem értek egyet.

In my opinion this is o.k.
In máj opinjon disz iz ókéj
-Ban enyém vélemény az van o.k.
Szerintem rendben van.

I'm feeling great / bad at the moment.
Ájm fíling grét / bed ät dö móment
Én vagyok érzőben hatalmas / rossz -nál a pillanat
Nagyon jól / rosszul érzem most magam.

I don't feel like having a walk.
Áj dónt fíl lájk heving ä uólk
Én nemcsinál érez mint van egy séta
Nincs kedvem sétálni.

This is ...		Ez ...
boring	*bóring*	unalmas
interesting	*inträszting*	érdekes
weird	*uírd*	furcsa / érdekes / vicces
strange	*sztréndzs*	különös
far-out	*faaraut*	kiváló

Are you sure?	**I can't beleive it.**
Aa jú sur	*Áj kaant bilív it*
Biztos te vagy	Én nem tudom elhinni azt
Biztos?	Nem hiszem el.
Shut up!	**This makes me sick.**
Satap	*disz méksz mí szik*
Zárd föl	Ez tesz engem beteg
Fogd be!	Undorodom. / Elegem van ebből.

ISMERKEDÉS

Nos, ez egyike annak a kevés területnek, ahol az embernek nem kell nagyon sok beszédtapasztalattal rendelkeznie ahhoz, hogy kifejezze azt, amit akar. Teljes mértékben beszéd, vagy beszédkísérletek nélkül azonban itt sem kezdődhet a kommunikáció.

Mi a véleményük például egy ilyen indításról:

Have you got a light?
hev jú got ä lájt
Van te kap egy világosság
Van tüzed?

Lehet, hogy ez nem túl eredeti nyitás, dehát rosszabb lehetőségei is vannak a kapcsolatteremtésnek. Ha az ember tisztázni akarja, hogy versenytársa is van-e a képben, az alábbi kérdést teheti fel:

Are you here on your own?
Aa jú hír on jur ón
Vagy te itt -on te saját
Egyedül vagy?

Ha az alábbi választ kapja:

No, I'm not	vagy	**I'm here with my girlfriend / boyfriend.**
Nó, ájm not		*Ájm hír uit máj görlfränd / bojfränd*
Nem, én vagyok nem		Én vagyok itt -val barátnőm / barátom
Nem.		A barátnőmmel / barátommal vagyok.

jobb, ha másra próbálja kivetni a hálóját. Ellenkező esetben meghívással próbálkozhatunk:

Shall we have a drink?	**What about going to the Disco?**
Säl uí hev ä drink	*Uat äbaut góing tu dö diszkó*
Fogunk mi van egy ital	Mi -ról menőben -be a diszkó
Nem iszunk valamit?	Mit szólnál ahhoz, ha discoba mennénk?

Próbálkozásunknak nem kedvező a visszhangja, ha az alábbi választ kapjuk:

Are you kidding?
Aa jú kiding
Vagy te gyerekeskedőben
Viccelsz?

Vagy egyébként bármelyik kifejezést a „Hagyjál békén" című fejezetből. De talán így válaszol a kiválasztott:

Great!	**Far-out!**
grét	*faaaut*
Hatalmas	Távol kint
Nagyszerű!	Kiváló!

57

Ilyenkor az ember célbatalált. Ha éppen semmi különleges nem jut eszünkbe, beszélhetünk a nyaralóhelyről, vagy akár saját magunkról. Ebbe időközben már egészen bele kellett jönnünk.

Később:

I want to take you home.
Áj uant tu ték jú hóm.
Haza akarlak vinni.

Shall we go to my place?
Säl uí gó tu máj plész
Fogunk mi menni -ra én hely
Felmegyünk hozzám?

Ha az ember idáig sikerrel eljutott, a többi már nem olyan nehéz, illetve: itt már nem a nyelvismereten múlnak a dolgok...

love	*lav*	szeretni, szerelem
in love	*in lav*	szerelmesnek lenni
kiss	*kisz*	csók, csókolni, csókolózni
pet / caress	*pät / karesz*	simogatni
tell ... to push off	*pus*	szakítani
make love	*mék lav*	szeretkezni
knock a girl up	*nok ä görl ap*	gyereket csinálni egy lánynak
intercourse	*intärkorsz*	aktus
fuck	*fak*	baszni
contraceptive	*kontraszäptiv*	fogamzásgátló
pill	*pil*	tabletta
condom	*kondäm*	kondom / koton
diaphragm	*dájäfräm*	pesszárium
menstruation	*mänsztruésn*	menstruáció
tampon	*tämpn*	tampon
pregnancy	*pregnänszi*	terhesség
pregnant	*pregnänt*	terhes
veneral disease	*venöräl dizíz*	nemibetegség
penis	*pínisz*	pénisz
vagina	*vädzsájna*	vagina

This is fucking* good / bad.
disz iz faking gud / bed
Kibaszott jó / rossz.

This is fucking good!

* A „**fucking**" szó „kibaszott"-at, illetve „átkozott"-at is jelenthet, de az angol nyelvben ez elfogadottabb, mint magyar megfelelői magyarul.

Hol van ... ?

Excuse me, please. Where is ...
Ekszkjúz mí, plíz. uer iz
Bocsásson meg, kérem. Hol van ... (Merre találom ...)

Could you tell me the way to ...
Kud jú täl mí dö uéj tu
Tudná maga megmondani nekem az út -hoz a ...
Megmutatná az utat a ... felé?

the railway station	*dö réluéj sztésön*	pályaudvar
the taxi rank	*dö tekszi renk*	taxiállomás / droszt
the travel agency	*dö trävöl édzsenszi*	utazási iroda
the hotel	*dí hótel*	szálloda
the airport	*dí erpórt*	repülőtér
the old part of	*dí ould paat ov ...*	régi része ...

It's over there on the right.
Itsz óver ter on dö rájt
Az van át ott -on a jobb
Odaát van, jobbra.

Turn left into Queen's Street.
Törn left intu kuínz sztrít
Forduljon bal bele Királynő utca
Forduljon balra, a Queen's Streetre.

Go straight on, it's opposite the Church.
Gó sztrét on, itsz opozit <ö csörcs.
Menni egyenesen -on, az van szemben -val templom
Menjen egyenesen tovább, ott van szemben a templommal.

   Ha az ember egy **tourist haunt**-nál jár (turista kísértés = túlzsúfolt turistacélpont), nem kell érdeklődnie. Kövesse mindig az útjelzőket,... na meg a tömeget!

REPÜLŐN

I'd like to book a (return) flight to New York.
Ájd lájk tu buk ä (ritörn) flájt tu Nyú Jork
Én szeretnék foglalni (retúr) repülés -ba New York
(Retúr)jegyet szeretnék foglalni N.Y-ba.

Is there a stopover in Boston?
Iz der ä sztopóver in Boszton
Van ott egy állás-át -ban boston
Leszáll Bostonban is?

Is there a connecting flight to Chicago?
Iz der a knäkting flájt tu Sikágó
Van ott egy kapcsoló repülés -ba Chicago
Van átszállás Chicago felé?

I have to cancel my flight to...
Áj hev tu kenszl máj flájt tu
Én van lemondani repülésem -ba
Szeretném visszaváltani a ... -ba szóló jegyemet.

Az alábbi fogalmakat és rövidítéseket kell ismernünk, ha el akarjuk olvasni a menetrendet (**timetable** - *tájmtébl*) melyre szert tettünk:

frequency	gyakoriság
daily (ex Sa)	naponta (szombat kivételével)
dep. = departure	indulás
arr. = arrival	érkezés
via Amsterdam	Amszterdam érintésével
non stop	leszállás nélkül

61

Jegytani alapismeretek:

allow	engedélyezett (csomag)
not valid after	felhasználható ... -ig
not valid before	érvényes ... -tól
form of payment	kiegyenlítés módja / fizetés módja
status	státusz
time	idő (indulás)
date	dátum (indulás)
class	osztály
flight	járat
not transferable	át nem ruházható
carrier	szállító (légitársaság)
no refund	vissza nem téríthető
no endorsement	nem módosítható
no rerouting	vissza nem váltható / át nem irányítható
fare, tax, total	ár, adó, összesen

Ha az ember nem rendelkezik a repülést illetően különösebb tapasztalattal, egy nagyobb, áttekinthetetlen repülőtér, a maga hangosbeszélő-közleményeivel, útjelzőivel, várótermeivel és óriási információs tábláival könnyen zavarbaejtheti. A **departure**-ökről (Indulás) szóló információs táblán azonban, ha egyszer megleltük, könnyű kiigazodni:

flight no.	járat száma
destination	úticél
scheduled time	indulás időpontja
cancelled	törölve
delayed	késik
estimated time	várható idő
gate	kapu

Könnyen megérthetők az alábbi feliratok és táblák is:

departure	*dipaacsör*	indulás
departure lounge / hall	*laundzs / hól*	indulási váróterem
arrival	*ärájväl*	érkezés
announcement	*änaunszmänt*	közlemény
exit	*äkszit*	kijárat
crew	*krú*	személyzet
booking	*buking*	(jegy)foglalás
fly	*fláj*	repülni
flight	*flájt*	járat
passenger	*peszändzsör*	utas
airport	*erport*	repülőtér
timetable	*tájmtébl*	menetrend
luggage / baggage	*lagidzs / bägidzs*	csomag
information desk	*informésön deszk*	információs pult
land	*lend*	leszállni
landing	*lending*	leszállás
airsickness	*er-sziknisz*	légibetegség
emergency exit	*imördzsenszi ekszit*	vészkijárat
return flight	*ritörn flájt*	retúr járat
counter	*kaunter*	pult / pénztár
take-off	*ték off*	felszállás
destination	*desztinésön*	úticél

HAJÓN

When does the boat leave for Dover?
Uän daz dö bót lív for Dóver
Mikor csinál a hajó elhagy -nak dover
Mikor indul a doveri járat / a hajó Dover-be?

How long does the crossing take?
Hau long daz dö krosszing ték
Milyen hosszú csinál az átkelés visz
Mennyi ideig tart az átkelés?

63

How long does the crossing take?

How often does the car ferry run?
Hau aftn daz đö kaa feri ran
Milyen gyakran csinál az autó komp fut
Milyen gyakran jár a komp?

I'd like to book ...
Ájd lájk tu buk ...
Én szeretnék szeret foglalni
Szeretnék jegyet foglalni ...

a passage to ...
ä peszidzs tu
egy átkelést ... ba
egy helyet a ... járatra

a single cabin
ä szingl kebin
egyszemélyes kabin

a double cabin
ä dabl kebin
kétszemélyes kabin

anchor	*enkör*	horgony
call at	*kól et*	kiköt
lounge	*laundzs*	társalgó
disembark	*diszämbaak*	kiszállni / kihajózni
leave	*lív*	elhagy
boat	*bót*	hajó
steamer	*sztímör*	gőzös
ferry	*feri*	komp
lifeboat	*lájfbót*	mentőhajó
on deck	*on dekk*	a fedélzeten
harbour	*haabör*	kikötő
yacht	*jaaht*	yacht, vitorlás
coast	*kószt*	partvidék
lighthouse	*lájthausz*	világítótorony
voyage	*vojidzs*	(hajó-) utazás
life-jacket	*lájfdzsäkit*	mentőmellény
crossing	*krosszing*	átkelés

VONATTAL / BUSSZAL

Where is the bus stop / station?
Uer iz đö basz sztop / sztésön
Hol van a buszmegálló / autóbuszállomás?

A ticket to Bristol, please.
Ä tikit tu brisztol, plíz
Egy jegyet Bristolba, legyen szíves!

How much is a ticket to...
Hau macs iz ä tikit tu
Milyen sok van egy jegy -ba
Mennyi egy jegy ...-ba?

When is there a bus / train to ...
Uä iz đer a basz / trén tu ...
Mikor van ott egy busz / vonat -ba...
Mikor indul busz / vonat ...-ba?

Could you tell me when we get there?
Kud jú täl mí uän uí gät der
Tudná maga mond nekem mikor mi kapunk ott
Meg tudná mondani, mikorra érkezünk meg?

Where do I have to change?
Uer dú áj hev tu cséndzs
Hol csinál én van cserélni
Hol kell átszállnom?

What platform does the train to ... leave from?
Uat plätform daz dö trén tu ... lív from
Mi peron csinál a vonat -hoz ... indul -tól
Melyik peronról indul a ...-i járat?

terminus	*tärminusz*	végállomás
driver	*drájvör*	sofőr
direction	*direksön*	irány
departure	*diparcsör*	indulás
arrival	*ärájväl*	érkezés
fast train	*faaszt trén*	gyorsvonat
couchettes	*kusett*	couchette / hálókocsi
sleeper	*szlípör*	hálókocsi
express train	*ikszpräsz trén*	expresszvonat
single	*szingl*	menetjegy
return	*ritörn*	menettérti jegy
half	*haaf*	diákjegy
seat reservation	*szít räzärvésön*	helyfoglalás
subway	*szabuéj*	aluljáró
		(Amerikában: metró)
exit	*ekszit*	kijárat
(non)-smoker	*(non)szmókör*	(nem-)dohányzó
compartment	*kompaatmänt*	fülke
fare	*fer*	viteldíj
railway guide	*réluéj gájd*	vasúti menetrend

Más országokban, eltérően a miénktől, buszokon és vonatokon szabad a társalgás. Az emberek néha egész élettörténetüket elmesélik. Ne zavarjon bennünket, ha nem értünk mindent, nem tesz semmit. Házastársak, gyerekek, nagybácsik, stb. képeit adják körbe. Előkerül a többé (vagy kevésbé) ízes hazai is, melyből az ember kóstolót kap. Jobban tesszük, ha egy ilyen utazás előtt belekukkantunk a „Kapcsolatok" című fejezetbe.

AUTÓVAL

Sok országban nincsenek önkiszolgáló benzinkutak, vagy csak elvétve, ezért álljanak itt először a tankoláshoz szükséges mondatok:

Where's the next petrol station?
Uerz dö nekszt pätrol sztésön
Hol van a legközelebbi benzinkút?

Full, please!
Ful, plíz.
Tele kérem!

Normal grade petrol for ten dollars, please!
Normäl gréd pätrol for tän dolärsz, plíz
Normál szint benzin -ért tíz dollár, kérem
Normál benzint kérek tíz dollárért!

Nagy-Britanniában liter helyett gallonban számolnak. Egy gallon mintegy 4,5 liter.

Can you check the oil / battery / tyre pressure?
Ken jú csäk dí óil / dö betöri / tájr präsör
Tud maga ellenőriz az olaj / akkumulátor / kerék nyomás
Megnézné az olajszintet / az akkumulátort / kerekeket?

MEGHIBÁSODÁS

I have had a breakdown.
Áj hev häd ä brékdaun
Én van volt egy bedöglés
Elromlott az autóm.

Can you take my car in tow?
Ken jú ték máj kaa in tó
Tud maga visz enyém kocsi -ba vontatás
El tudná vontatni az autómat?

I have had an accident. Please call the police.
Áj hev häd än äkszidänt. Plíz kól dö polísz
Én van volt egy baleset. Kérem hív a rendőrség
Balesetet szenvedtem. Kérem, hívja a rendőrséget.

I've had an accident

There's something wrong with the indicator.
đerz szamťing rong uit đí indikétör
Ott van valami hibás -val az irányjelző
Valami baj van az index-szel.

The battery is out of order.
đö bettöri iz aut ov ordör
Az akkumulátor van kint -ből rend
Az akkumulátor nem működik.

Could you repair the brakelights?
Kud jú riper đö brékléjtsz
Tudná maga megjavít a féklámpa
Meg tudná javítani a féklámpát?

traffic lights	*trefik lájtsz*	közlekedési lámpa
motorway	*mótoruéj*	autópálya
starter	*sztaatör*	indító
battery	*betöri*	akkumulátor
brakes	*bréksz*	fék
pressure	*präsör*	nyomás
gear	*gír*	sebesség (fokozat)
clutch	*klaccs*	kuplung
steering wheel	*sztíring uíl*	kormány
engine	*endzsin*	motor
headlight	*hädlájt*	fényszóró
accident	*äkszident*	baleset
(lifting) jack	*lifting dzsäk*	emelő
tools	*túlz*	szerszámok
windscreen	*uindszkrín*	szélvédő
car park	*kaa paak*	parkoló
parking meter	*paaking mítör*	parkoló-óra
driving licence	*drájving lájszensz*	jogosítvány
road sign	*ród szájn*	jelzőtábla
diesel fuel	*dízäl fjúel*	diesel üzemanyag
super petrol	*szúpör pätrol*	szuperbenzin
regular petrol	*rägjulör pätol*	normálbenzin

AUTÓSTOPPAL

Az autóbuszon-, illetve vonattal történő utazás mellett a stoppolás (**hitch-hiking**) a legjobb utazási lehetőség, ha a vidék lakóit is meg szeretnénk ismerni anélkül, hogy ezért sokat kéne fáradoznunk. Fantasztikus fejekkel, de veszélyes alakokkal (**wierdo** - *uírdó*) is találkozhat így az ember.

Can you give me a ride / lift to ... ?
Kän jú giv mí ä rájd / lift tu
Tud maga ad nekem egy utazás / emelés -be
El tudna vinni ...-ba?

Please, drop me over there.
Plíz, drop mí ovör đer
Kérem, ejtsen engem át ott
Kérem, ott tegyen ki.

Jegyzetek:

. . . .

. . . .

. . . .

. . . .

. . . .

. . . .

. . . .

. . . .

. . . .

Szállás

SZÁLLODA / PANZIÓ

Hello, I'd like a single room / double room for two nights.
Hälló, ájd lájk ä szingl rúm / dabl rúm for tú nájtsz
Helló, én szeretném szeret egy egyes szoba / dupla szoba -ra két éjszaka
Jó estét! Egy egyágyas / kétágyas szobát kérek, két éjszakára.

How much is it?	**Is breakfast included?**
Hau macs iz it	*Iz bräkfäszt inklúdid*
Milyen sok van az	Van reggeli magában foglal
Menyi lesz?	Ez magában foglalja a reggelit is?

reception	*riszäpsön*	recepció / porta
lift / elevaor	*lift / älävétör*	lift / felvonó
bathroom	*baatrúm*	fürdőszoba
bed	*bäd*	ágy
bedcover	*bädkavör*	ágytakaró
sheet	*sít*	lepedő
shower	*sauör*	zuhany
towel	*tauel*	törölköző
heating	*híting*	fűtés
stove	*sztóv*	tűzhely
pillow	*piló*	párna
lamp	*lemp*	lámpa
mattress	*meträsz*	matrac
sleeping-bag	*szlíping beg*	hálózsák
key	*kí*	kulcs
mirror	*miror*	tükör
socket	*szokit*	foglalat / konnektor
floor	*flór*	emelet / padló
electricity	*ilätrisziti*	elektromosság
youth hostel	*jút hosztel*	ifjúsági szállás
accomodation	*akomodésön*	szállás
bed and breakfast	*bäd end bräkfäszt*	éjszakai szállás reggelivel (panzióban)

A külföldi szállodák és panziók többségében bejelentőlapot kell kitölteni. Ehhez Nagy-Britanniában az alábbi ismeretekre van szükség:

Block capitals	nyomtatott nagybetűk
surname	családi név / vezetéknév
first name / christian name	személynév / keresztnév
home address	állandó lakhely
date of arrival	érkezés időpontja
number of nights stay	eltöltendő éjszakák száma
car registration no.	gépjármű rendszáma
Nationality	állampolgárság
Passport no.	útlevél száma
Issued at	kiállító hatóság
signature	aláírás

KEMPING

Have you got a place for a small tent / caravan?
Hev jú got a plész for a szmól tänt / käravaan
Van maga kap egy hely -nak egy kicsi sátor / lakókocsi
Van helyük egy kis sátor / lakókocsi számára?

Where are the washing-rooms / sockets?
Uer aar dö uaasing rúmz / szokitsz
Hol vannak a mosókonyhák / foglalatok?

campsite	*kempszájt*	kemping
camper	*kempör*	lakóautó
toilet / lavatory	*tojlit / levätori*	WC
drinking water	*drinking uótör*	ivóvíz
water-tap	*uótör-tep*	vízcsap
caravan / trailer	*käravaan / tréjlör*	lakókocsi / utánfutó
tent	*tänt*	sátor

Étterem

Minél messzebbre hatol az ember olyan vidékeken, melyet még nem árasztott el a magyar tömegturizmus, annál valószínűtlenebb, hogy az éttermekben magyarul beszélő pincérre akadjon. Az angol nyelv használatával jóval többre megy az ember, még akkor is, ha az illető ország nyelvét nem ismeri. Álljon hát itt néhány mondat, melyek segítségével valamit rendelhetünk.

Can we have the menu, please?
Ken uí hev dö mäjü, plíz
Lehet mi van a menü, kérem
Legyen szíves az étlapot!

A pincér, az étlapot hozván, az alábbi fordulattal nyújthatja azt át:

Here you are.
Hír jú aar
Itt maga van
Tessék.

We would like to order.
Uí uud lájk tu ordör
Mi szeretne szeret rendelni
Szeretnénk rendelni.

I'll have tomato soup and roast chicken, please.
Ájl hev tomaatou szuúp uit rószt cskn, plíz
Én lesz van paradicsom leves -val sült csirke
Paradicsom levest kérek sültcsirkével.

Angol nyelven nem kívánunk egymásnak jó étvágyat!

We would like to order

Can we have the bill, please?.
Ken uí hev dö bill, plíz
Lehet mi van a számla, kérem
A számlát, legyen szíves.

The meal was excellent / wasn't very good.
dö míl uaz äkszölänt / uzn't väri gud.
Az étel kiváló volt / nem volt valami jó.

supper	*szapör*	(kis) vacsora
aperitif	*ápäritif*	aperitif
ashtray	*estréj*	hamutartó
cutlery	*katläri*	étkészlet
bread	*bräd*	kenyér
diet	*dájät*	diéta / étrend
ice-cream	*ájszkrím*	fagylalt
vinegar	*vinägör*	(bor) ecet
fish	*fis*	hal

meat	*mít*	hús
breakfast	*bräkfäszt*	reggeli
fork	*fook*	villa
course	*kórsz*	fogás
baked	*békd*	sült
fried	*frájd*	rántott
cover	*kavör*	fedő
poultry	*pólcsri*	szárnyas / baromfi
vegetable	*vedzstibl*	zöldség
drink	*drink*	ital
spice	*szpájsz*	fűszer
glass	*glaasz*	pohár / üveg (mint anyag)
dinner	*dinör*	vacsora
chicken	*csikn*	csirke
(a cup of) coffee	*kafí*	kávé
cheese	*csíz*	sajt
cook	*kuk*	szakács
herbs	*hörbz*	fűszerek
cake	*kéjk*	sütemény
lunch	*lancs*	ebéd
dessert	*dässzört*	desszert
fruit	*frút*	gyümölcs
oil	*ojl*	olaj
pepper	*päppöa*	bors
veal	*víl*	borjú
juice	*dzsúsz*	gyümölcslé
salt	*szaalt*	só
pork	*pook*	sertés
plate	*plejt*	tányér
vegetarian	*vedzsiteriän*	vegetárius
starter	*sztaater*	előétel
game	*géjm*	vad

Rendőrség

Ha az embert nyaralás közben kirabolják, jobb ha nem reménykedik túlságosan, hogy dolgait viszontlátja. Ha az ember személyes iratai (útlevél, jogosítvány) is erre a sorsra jutnak, helyes azonnal felvennie a kapcsolatot a magyar követséggel, vagy konzulátussal.

I was attacked.
Áj uaaz ätäkd
Megtámadtak.

Please call the police / a lawyer.
Plíz kól đö polísz / ä lójer
Kérem, hívja a rendőrséget / egy ügyvédet!

Please inform the Hungarian embassy.
Plíz infoom đö hangériän ämbaszi
Kérem, értesítse a magyar követséget.

My camera was stolen.
Máj kemära uaz sztólen
Ellopták a fényképezőgépemet / kamerámat.

I feel pestered by this man.
Áj fíl päsztörd báj disz men
Én érez zavar által az ember
Engem zavar ez az ember.

I have nothing to do with it.
Áj hev naŧing tu dú uiđ it
Én van semmi csinálni-val az
Semmi közöm hozzá.

I lost my ...		Elvesztettem (az én) ...-t.
wallet	*ualit*	levéltárca (pénztárca)
purse	*pörsz*	pénztárca (aprópénz-tartó)
suitcse	*szjútkész*	bőrönd
luggage	*lagidzs*	csomag
driving-licence	*drájving lájszensz*	jogosítvány
identity card	*ájdäntiti kaad*	személyi igazolvány
passport	*paaszpórt*	útlevél
report	*ripoot*	jelentés / riport
thief	*tíf*	tolvaj
camera	*kaamära*	fényképezőgép / kamera
prison	*prizn*	börtön
money	*mani*	pénz
hand-bag	*hend-beg*	kézitáska
murder	*mörder*	gyilkosság
murderer	*mörderer*	gyilkos
policeman	*políszmen*	rendőr
drugs	*dragz*	drogok / kábítószerek
accident	*ekszidänt*	baleset
raid (on)	*réjd (on)*	rajtaütés
(eye)-witness	*áj-uitnisz*	szemtanú
police station	*polísz sztésön*	rendőrőrs
rape	*réjp*	nemi erőszak
key	*kí*	kulcs
Lost Property Office	*loszt prapärti ofisz*	Talált Tárgyak Osztálya

Vám

A vámnál a legfontosabb annak megértése, hogy mit is akar tőlünk a
vámtiszt:

Your passport, please.
Jur paaszpoor, plíz
Az útlevelét, kérem!

Your passport, please!

Have you got anything to declare?
Hev jú got äniting tu dikler
Van maga kap valami bejelenteni
Van elvámolnivalója?

Open your suitcase!
Ópän jur szjútkész
Nyissa ki a bőröndjét!

You have to pay duty!
Jú hev tu péj gyúti
Illetéket kell fizetnie.

entry (into)	*äntri (intu)*	beutazás (...-ba)
leaving the country	*líving ðö kauntri*	kiutazás
identity card	*idäntiti kaad*	személyi igazolvány
customs	*kastomz*	vám (hivatal)
duty	*gyúti*	vám (illeték)
duty-free allowances	*gyúti frí älöänsziz*	vámmentes keret
goods	*gudz*	áruk
declare	*dikler*	bejelent (bevall) / elvámoltat
passport	*paaszpoot*	útlevél

Bank és pénz

Where can I change money?
Uer kän áj cséndzs mani
Hol tud én vált pénz
Merre találok egy pénzváltót?

I'd like to change one hundred Greman Marks (Deutschmarks).
Ájd lájk tu cséndzs uan handrid dzsörmän maaks
Én szeretne szeret váltani egy száz német márka
Száz márkát szeretnék átváltani.

What's the rate of the German Mark / Escudos?
Uatsz ðö réjt ov ðö dzsörmän maak / äskúdosz
Mi van az árfolyam -nak német márka / escudo
Milyen árfolyamon váltják a márkát / escudo-t?

I want to cash in this check.
Áj uaant tu kes in disz csäk
Én akar (váltani) készpénz be ez csekk
Szeretném beváltani ezt a csekket.

bank	*benk*	bank
black market	*blek maakit*	feketepiac
cash	*kes*	készpénz
cash in	*kes in*	beváltani
amount (of money)	*ämaunt*	összeg
bill	*bill*	bankjegy
cash point	*kes pojnt*	pénztár / bankjegykiadó
change	*cséndzs*	pénzt váltani / aprópénz
coin	*kojn*	pénzérme
counter	*kauntör*	pult
cheque	*csäk*	csekk
sign	*szájn*	aláír
signature	*szigicsör*	aláírás
form	*foom*	nyomtatvány
rate of exchange	*réjt ov ekszcséndzs*	átváltási árfolyam
currency	*köränszi*	pénznem / valuta
cheque card	*säk kaad*	csekk-kártya

A posta

Sok országban az embernek nem kell feltétlenül betérnie a postahivatalba, ha bélyeget akar venni - mert azt be lehet szerezni trafikokban, illetve újságosoknál is.

Postage on five postcards / letters to Hungary.
Pósztidzs on fájv pósztkaadsz / letörsz tu hangeri
Öt képeslap / levél bérmentesítése, Magyarországra.

Stamps for five air-mail letters to Budapest.
Sztempsz for fájv erméjl lettörsz tu Budapest
Öt légipostai levélhez kérek bélyeget, Budapestre.

I want to send a telegram / a letter to Hungary.
Áj uant tu szänd ä lättö tu hangeri
Én akar küldeni egy távirat / levél -ra magyarország
Egy táviratot / levelet szeretnék feladni Magyarországra.

Is it possible to draw money from my post office savings book?
Iz it posszibl tu dró mani from máj poszt ofisz szévingz buk
Van az lehetséges húzni pénz -ból enyém posta takarékbetétkönyv
Vehetek itt föl pénzt a postatakarékbetét-könyvemből?

send	*szänd*	küld
sender	*szändör*	feladó
address	*ädresz*	cím
letter	*lättö*	levél
letter-box	*lättö-box*	levélszekrény
stamp	*sztemp*	bélyeg
postman	*pósztmen*	postás / levélhordó
envelope	*anvälóp*	boríték
express letter	*äkszpräsz lettö*	expressz küldemény
registered mail	*rädzsisztörd méjl*	ajánlott küldemény
addressee	*ädrässzí*	címzett
air-mail letter	*er-méjl lettö*	légipostai levél
parcel	*paaszäl*	csomag
postage (on)	*pósztidzs (on)*	bérmentesítés
post office	*pószt ofisz*	postahivatal
postcard	*pósztkaad*	levelezőlap
post office savings bank	*pószt ofisz szévingz benk*	postatakarékpénztár
counter	*kaunter*	pult / pénztár
telegram	*tiligrem*	távirat

81

A telefon

Külországban, távol az anyanyelvi környezettől, a telefonálás könynyen idegőrlő vállalkozásnak bizonyulhat, melynek végén az ember összetörve lép ki a telefonfülkéből. Különösen akkor van ez így, ha a nemzetközi hívásokat kézikapcsolású központtól kell megkérni. De ne izguljunk túlzottan: az európai országokból Magyarországra minden különösebb nehézség nélkül lehet telefonálni. Még telefonfülkékben sem kell idegösszeroppanástól tartanunk.

Az utóbbi időben elterjedőben vannak a fejlettebb, készpénzkímélő, **kártyás** telefonok. Ezeket a kártyákat természetesen előre be kell szerezni a postahivatalban. Ha ezt túlságosan megterhelőnek találjuk, jobb, ha rögtön a postára megyünk, abban a reményben, hogy minden összejön.

Bizonyos országokban másként működnek a nyilvános telefonok. Nagy-Britanniában például az ember először feveszi a kagylót (**receiver**), megvárja a tárcsahangot (**continuous purring**), és tárcsázza a kívánt számot. A pénzérméket (5 vagy 10 pence-eseket) csak a kapcsolási hang (rövid, magas hangok, gyors egymásutánban = **rapid beeps**) hallatán kell bedobni.

Where is the next call box?
Uer iz đö nákszt kól boksz
Hol található a legközelebbi telefonfülke?

What number do I dial for ... ?
Uot námber dú áj dájl fór
Mi szám csinál én hív -ért
Mi a száma a ...-nak?

Would you give me ...
Uud jú giv mí
Volna maga ad nekem
Kérem adja ...-t / Kérem kapcsolja ... -t

What time does the cheap rate begin?
Uot tájm daz đö csíp rét bigin
Mi idő csinál az olcsó tarifa kezdődik
Hány órától érvényes a kedvezményes tarifa?

The line is engaged.
đö lájn iz ingédzsd
A vonal foglalt.

hold the line!	*hóld đö lájn*	tartsa a vonalat!
ring ... up	*ring ... ap*	felhívni ...-t
call	*kól*	hívás
lift the receiver	*lift đö riszíver*	felemelni a kagylót
dial straight through	*dájl sztrét trú*	közvetlenül hívni
telephone directory	*tilifón direktri*	telefonkönyv
telephone number	*tilifón nambör*	telefonszám
call-box	*kól boksz*	telefonfülke
dial	*dájl*	tárcsáz

Hold the line!

Betegség

Ha az útipatika sem segít, nem haszontalan, ha ismerünk néhány beszédfordulatot, melyre a gyógyszertárban, vagy az orvosnál szükségünk lehet. Álljanak itt a legszükségesebbek:

I'm ill.
Ájm ill
Én vagyok beteg
Beteg vagyok.

I have to see a doctor.
Áj hev tu szí ä daaktö.
Én kell látni egy orvos
Orvoshoz kell mennem.

I have a head-ache / stomach-ache.
Áj hev ä häd éjk / sztamik éjk
Én van egy fejfájás / gyomorfájás
Fáj a fejem / gyomrom.

I'm allergic to penicillin.
Ájm alördzsik tu pniszilin
Én vagyok allergiás -nak penicillin
Penicillin-érzékeny vagyok.

I have a sore throat.
Áj hev a szór trót
Én van egy fájó torok
Fáj a torkom.

My skin is itching.
Máj szkin iz itcsing
Enyém bőr van viszketőben
Viszket a bőröm.

TESTRÉSZEK

arm	*aam*	kar
eye	*áj*	szem
leg	*läg*	lábszár
appendix	*äpändiksz*	vakbél
breast	*bräszt*	mellkas
finger	*fingör*	ujj
foot	*fut*	lábfej

face	*fész*	arc
neck	*näk*	nyak
heart	*haat*	szív
bottom	*botom*	fenék
bone	*bón*	csont
head	*häd*	fej
mouth	*maut*	száj
nose	*nóz*	orr
back	*bek*	hát
shoulder	*sóldör*	váll

ÁLTALÁNOS KIFEJEZÉSEK

chemist's shop	*kämisztsz sop*	gyógyszertár
doctor	*daaktö*	orvos
be allergic to	*bí allördzsik tu*	allergiásnak lenni vmire
catching / infectuous	*kecsing / infäkcsüösz*	fertőző
breath	*brít*	lélegezni
treatment	*trítmänt*	kezelés
blood	*blad*	vér
fracture	*frekcsör*	törés
diarrhoea	*dájaréa*	gyomorrontás / hasmenés
vomit	*vamit*	hányni
cold	*kóld*	hideg
have a temperature	*hev ä tämpricsör*	lázasnak lenni
filling	*filling*	tömés
broken	*brókn*	törött
vaccination card	*vakszinésn kaad*	oltási lap
infection	*infäksön*	fertőzés
ill	*il*	beteg
hospital	*haszpitöl*	kórház
illness / disease	*illnisz / dizíz*	betegség
medicine	*medszin*	gyógyszer

85

prescription	*priszkripsön*	recept
x-raying	*ekszréjing*	röntgenezés
pain	*péjn*	fájdalom
pregnant	*prägnänt*	terhes
have an injection	*hev än indzseksön*	oltást kapni
ointment	*ojntmänt*	kenőcs
tablet / pill	*teblit / pill*	gyógyszer / tabletta
nausea	*nózéa*	rosszullét / hányinger
examination	*ekzaminésön*	vizsgálat
burnt	*börnt*	égett
hurt	*hört*	sérült
dentist	*däntiszt*	fogorvos

Bevásárlás

A bevásárlás (shopping) az utazás egyik legfontosabb része. Sok ember nyaralás közben könnyebb kézzel költekezik, mint otthon. Persze, hiszen mennyivel kellemesebb egy keleti bazárban vásárolni egy kaméleonbőr-táskát, mint otthon, az untig ismert nagyáruházban megvenni a kismilliomodik kötelező trikót - még akkor is, ha a tömeg és a lökdösődés ugyanakkora. Mégis, hogy a bevásárlás ne okozzon túl nagy stresszt, megkönnyíti a helyzetet, ha megtanulunk néhány, az alkalomhoz illő kifejezést.

Ha a **számok**at ezidáig nem sikerült megtanulni, legalább most fordítsunk rájuk egy kis figyelmet. De ne felejtsük, hogy minél messzebbre kerülünk Magyarországtól, annál kevesebb értelme van az árak átváltásának. Amíg azonban ezzel próbálkozunk, nagy segítségünkre lehet, ha papír és írószer, netán egy számológép van nálunk...

Hello, do you sell postcards?
Häló, dú jú szél pószkaadsz
Helló, csinál ön árul képeslapok
Jónapot, képeslapot tart?

How much is it?
Hau macs iz it
Milyen sok van az
Mennyibe kerül (ez)?

I want to buy a shirt, please!
Áj uont tu báj ä sört, plíz
Én akar venni egy ing, kérem
Egy inget szeretnék venni.

I don't like it
Áj dónt lájk it
Én csinál nem szeret azt
Nem tetszik.

I get back some change (money).
Áj git bek szam cséndzs (mani)
Én kap vissza néhány apró (pénz)
Ebből nekem még visszajár!

Can you change money?
Ken jú cséndzs mani
Tud maga vált pénz
Fel tudja ezt váltani?

This is too expensive.
ɖisz iz tú ekszpenziv
Ez van túl drága
Túl drága.

This is too expensive

How long will it take to repair my glasses?
Hau long uil it téjk tu riper máj glessziz
Milyen hosszú fog az visz magjavítani enyém szemüveg
Mennyi idő alatt tudja megjavítani a szemüvegemet?

Have you got the swim-suit in a smaller size.
Hev jú gaat dö szuim-szjút in ä szmólör szájz
Van maga kapott az úszódressz -ben egy kisebb méret
Van ilyen fürdőruhája kisebb méretben is?

ÁLTALÁNOS KIFEJEZÉSEK

cheap	*csíp*	olcsó
(too) expensive	*(tú) ekszpenziv*	(túl) drága
buy	*báj*	vesz
shop	*sop*	bolt / üzlet
sell	*szäl*	elad / árul

ÜZLETEK

antique shop	*entík sop*	régiségbolt
baker	*békör*	pék
bargain / haggle	*baagin / hägl*	alkudozni / kereskedni
boutique	*butík*	kis üzlet
camping equipment	*kemping ekuipmänt*	kempingfelszerelés
dealer / trader	*dílör / trédör*	kereskedő
department store	*dipaatmänt sztór*	áruház
kiosk	*kioszk*	kioszk
butcher	*bucsör*	hentes
optician	*optisön*	optika
dry-cleaner's	*dájklínörsz*	tisztító
travel agency	*trevöl éjdzsänszi*	utazási iroda
stationer's	*sztésönersz*	papírbolt
cobbler	*kablör*	cipész

souvenir shop	*szuvönír sop*	emléktárgy-kereskedés
sports shop	*szportsz sop*	sportbolt
supermarket	*szjúpörmaakit*	szupermarket
watch-maker	*uocsmékör*	órás

ÉKSZEREK

watch	*uocs*	karóra
bracelet	*brészlit*	karkötő
diamond	*dájmond*	gyémánt
gold	*góld*	arany
necklace	*näklész*	nyakék
earring	*írring*	fülbevaló
ring	*ring*	gyűrű
silver	*szilvör*	ezüst

FÜRDŐFELSZERELÉSEK

swimsuit	*szuimszjút*	fürdődressz
swimming trunks	*szuiming tranksz*	fürdőnadrág
bikini	*bikíni*	bikini
bellows	*bälouz*	tappancs
lilo	*lájlou*	matrac
rubber dinghi	*rabbör dingi*	felfújható gumicsó-nak
sunhat	*szanhet*	nap ellen védő sapka

ÖLTÖZKÖDÉS

blouse	*blauz*	blúz
belt	*bält*	öv
shirt	*sört*	ing
trousers	*trauzörz*	nadrág
jacket	*dzsekit*	kiskabát, dzseki

dress	*drássz*	ruha
coat	*kót*	kabát
pullover	*pullóver*	pulóver
raincoat	*rénkót*	esőkabát
skirt	*szkört*	szoknya
scarf	*szkaaf*	kendő / sál

ÉLELMISZEREK

beer	*bír*	sör
bread	*bräd*	kenyér
butter	*batör*	vaj
vegetables	*vedzstiblz*	zöldségek
cheese	*csíz*	sajt
coffee	*kofí*	kávé
milk	*milk*	tej
mineral water	*minöral uóter*	ásványvíz
fruit	*frjút*	gyümölcs
juice	*dzsújsz*	gyümölcslé

ÍRÓSZEREK / ÚJSÁG

postcard	*pósztkaad*	képeslap / levelezőlap
pencil	*pänszil*	ceruza
writing paper	*rájting pépör*	írólap
pen	*pän*	toll
biro	*bájró*	golyóstoll
newspaper	*nyúzpépör*	újság

Angol nyelvi változatok

AZ ANGOL NYELV AZ INDIAI SZUBKONTINENSEN

Az angol a hindi mellett a másik államnyelv Indiában, de a kommunikáció ugyanilyen fontos eszközének bizonyul Pakisztánban, Nepálban, Bangladesben és Sri Lankán is. Az urdu, tamil, hindi, bengáli, nepáli, szingaléz, illetve egyéb nyelvek helyi hatásai következtében az ezekben az országokban beszélt angol különböző kiejtési, illetve nyelvtani jellegzetességekkel rendelkezik, melyek azonban annyira tipikusan indiai-angol jellegűek, hogy még gyakorlott anglicisták is összezavarodnak tőlük. Ráadásul a szókészlet egy része még a gyarmati angolból származik, melynek megértése manapság sok britnek is nehézségeket okozna.

Elmondható tehát, hogy az indiai angol mind kiejtés, mind nyelvtan, mind szókészlet szempontjából különleges képződmény.

KIEJTÉS

d, t: Az indiai nyelvekben, a világon egyébként egyedülálló módon, retroflex mássalhangzók is találhatók. Ezek olyan mássalhangzók, melyeknek kiejtése közben a nyelv az ajkaknak nyomódik, miközben egy kicsit hátrahajlik. A szubkontinens lakói valamennyi **t**-t, illetve **d**-t így ejtenek ki. Hangzását nehéz leírni, ha kíváncsiak vagyunk, kérjünk meg indiaiakat, hogy ejtsék ki a **dad, market, tomato, potato** szavakat, vagy más hasonlókat. Ha ezeket a hangokat képezni tudjuk, kezünkben az indiai beszédmód utánzásának kulcsa.

a, o: Az indiai nyelvek különbséget tesznek rövid és hosszú magánhangzók között, melynek eredményeként az indiaiak (pakisztániak, nepáliak, stb) angol magánhangzók esetén gyakran nem tudják eldönteni, hogy miként ejtsék azokat. Ez különösen az **a** és az **o** hangok esetében feltűnő. Ezeket a hangokat gyakran hosszan ejtik, sőt, nemritkán nazalizálják is őket. Példák: **hall** helyett *haal*, **frog** helyett *fraag*, **clock** helyett *claak*, stb.

th: Az indiai nyelvekben is található **th**-hang, ezért az angol **th**-t úgy kezelik, mintha valójában indiai lenne. Így olyan **t**-ként ejtik, melyet egy **h**-hang követ, tehát **t-h**-ként. Példa *baat-h* **bath** helyett, *paat-h* **path** helyett, stb.

Járulékos **i** : sok, angolban **s** hanggal kezdődő szó elé a könnyebb kiejthetőség kedvéért szívesen illesztenek egy **i** hangot. Példa: *i-stämp* **stamp** helyett, *i-skuul* **school** helyett, stb.

Nyelvtan

Mivel az indiai nyelvek sem határozott, sem határozatlan névelőt nem ismernek, azok az itt beszélt angolból is gyakran elmaradnak. Példa:

Yesterday I went to the market and bought a pineapple.
Jesztördéj áj uent tu đö markit end bót ä pájnäpl
Tegnap én mentem -ra a piac és vett egy ananász
Tegnap kimentem a piacra és vettem egy ananászt.

helyett

Yesterday I went to market and bought pineapple.

Szókészlet

Sok olyan a gyarmati korból származó angol kifejezés van még használatban, mely az angol anyaországban már rég feledésbe merült. Példák:

grub = étel, **to have a grub** = enni, **tiffin** = ebéd, **tiffin box** = ételhordó, **sleuth** = nyomozó, **nab** = elfogni, **latrine** = WC, **urinal** = piszoár, stb.

Ehhez járul még a számtalan indiai angol neologizmus, mint **pantpiece** = nadrágra varrható anyag, **youngman** = fiatalember (**young man** helyett), **dacoit** = rabló (a hindi *daku*-ból), **dacoity** =rablás, rajtaütés (a hindi *dak*-ból), **Eve-teaser** = cukrosbácsi.

Buszokon néha láthatók az alábbi feliratok:

12 standees only.   **Spittees not allowed.**

12 „állós" csak   „Köpőcskék" nem engedélyezve

Csak 12 állóhely van!   Köpködni tilos!

AMERIKAI ANGOL

Csupán néhányat emelünk ki az amerikai angol (AE) és a brit angol (BE) közötti alapvető különbségek közül.

Az amerikai angolban megmaradt néhány régi szó, illetve fordulat, amelyek az idők során a brit angolból kikoptak. Ezeket a gyarmati idők maradványai, melyek a nyelvfejlődés akkori állapotáról tanúskodnak. Így mondanak az amerikaiak például **fall**-t, a britek ellenben **autumn**-t, amikor az őszről beszélnek. Kölcsönözni Amerikában „**to loan**" Angliában azonban „**to lend**".

Másrészt bizonyos szavak írásmódja Amerikában egyszerűsödött, úgymond modernizálódott. A nyelvtani szabályokat sem tartják be oly szigorúan, mint az anyaországban. Néhány példa:

AE	BE	
color	colour	szín
center	centre	központ / közép
traveler	traveller	utazó

Ezenkívül ott van a miriádnyi „új fogalom", melyek, a változó életforma és a fejlődés következtében Amerikában alakultak ki. Így természetesen a „korlátlan lehetőségek országából" erednek az olyan fogalmak, mint a **robot, computer, supermarket, hamburger, microchip** és **micro-wave**, de más területeken is akadnak neologizmusok:

AE	BE	
farmer	peasant	paraszt
truck	lorry	teherautó
elevator	lift	felvonó

AE	BE	
cab	**taxi**	taxi
freeway	**motorway**	autópálya
subway	**underground**	metró / földalatti
vacation	**holidays**	szabadság

És végül, de nem utolsósorban megtalálhatjuk az amerikai nyelvben a bevándorlók és az őslakosok különböző nyelveinek nyomait is:

AE	Eredet	
squash	indián	tök
boss	holland	főnök
dime	francia	tíz centes
prairie	francia	róna
kindergarten	német	óvoda
schnaps	német	holland borókapálinka
ranch	spanyol	tanya
rodeo	spanyol	lovasbemutató

Sok amerikai mind a mai napig nem vetkőzte le teljesen eredeti akcentusát, ezért az angolt magyar akcentussal beszélő utazó nem különösebben feltűnő. Bár általánosságban az amerikai angol kiejtése harsányabb, feszültebb, mint a brité, megértése nem okoz nagy gondot, legalábbis Észak-Nyugaton nem. A new-yorkiak kifejezetten érthetően beszélnek. Délen egy kicsit nehezebbé válik a helyzet. A déli államok lakói szívesen használják például a **you** (=ti) helyett a **y'all** kifejezést, mely a **you all** tömörített alakja.

AZ ANGOL NYELV ÚJ-ZÉLANDON

BEVEZETÉS KIWI-ORSZÁGBA ÉS A KIWI NYELVBE

Felőlünk nézve Új-Zéland a földgolyó ellentétes oldalán fekszik. Csak a Hold van messzebb az antipólusunknál. Egy pillantás a térképre azonnal elárulja a szigetország elszigeteltségét is. Így tehát természetes, hogy a **Kiwi**k (nemcsak a címerállatot, illetve az azonos nevű gyümölcsöt hívják így, de ez az újzélandiak beceneve is, amit ők maguk is szívesen használnak) nyelvében is kialakultak jellegzetességek. Angoljuk hangzása sokkal britebb, mint az Aussie-ké (ausztrálok), de a köznyelvben sok azonosságot is felfedezhetünk a mintegy 2000 km-re nyugatra fekvő szomszédéval.

A **kiejtés** azonban teljesen más. A magánhangzók jellegzetes módon eltorzulnak, laposabbnak hatnak, mint a brit vagy az ausztrál angolban. Ha az ember kiwi-beszédet hall (ami Magyarországon azért olyan sűrűn nem esik meg), megértheti, hogy miről folyik a szó.

A **kiwi-angol**, eltekintve a Maori-hatásoktól, leginkább a brit-angol változataként fogható fel; az affektált **upper-class English accent**, a **Queen's English** a modern Új-Zélandon azonban már kihalt, még akkor is, ha **E** (=Elizabeth) **II**. még mindig Új-Zéland királynője (miként Kanadának, Ausztráliának, stb. is). Ha valaki manapság így beszél az **is talking with the plum in his mouth**, vagy egyike a **pommies / poms in disguise**-nak (*pom = prisoner of Mother England*). Ezek olyan kiwik, akik arról ismerhetők fel, hogy kevésbé bírják a sört, mint az igaziak, és Angliát tartják hazájuknak, függetlenül attól, hogy félórája vannak Új-Zélandon, vagy fél életüket töltötték ott. Majdnem minden (fiatal) kiwi szeretne azonban legalább egyszer Nagy-Britanniába eljutni, oda, ahonnan a népesség 80%-ának elődei származnak.

Az olyan szavak **írásmódja**, mint a *centre, litre, theatre, behaviour, labour, neighbour, programme, traveller, licence, practise,* stb. az angol hagyományt követik.Az Egyesült Államokban e szavakat így írják: *center, liter, theater, behavior, labor, neighbor, program, traveler, license,practice, stb.*

Az amerikaiak számára különösnek, vagy elfajzottnak tűnő kifejezések és beszédfordulatok jelentős része egyébként nem is kiwi jellegzetesség, hanem brit eredetű. Az amerikai angol tulajdonképpen sokkal inkább eltávolodott az eredettől, mint a kiwiké: ("*U.K. and U.S.A. are separated by the same language*").

Ismerkedjünk meg néhány konkrét sajátossággal a személyes névmások és a rövidítések területén, melyeket a következő oldalakon ismertetünk.

Bizonyos személyes névmások használata mindazonáltal más lehet, mint a szokványos angolban:

us a **me** helyett	**gizago**
	Give us a go! / Give me a go!
	Hadd próbáljam meg!
me a **my** helyett	**me house, me missus**
	my house, my missus
	az én házam, az én feleségem
she az **it** helyett	**She's a hot day today.**
	It's a hot day today.
	Meleg van ma.
	She'll be right, mate.
	It'll be allright, man.
	Minden rendben lesz, haver.
the a **my** helyett	**The wife's gone shopping for the day.**
	My wife has gone shopping for the day.
	A feleségem vásárlással tölti a napot.

Rövidítések

Feltűnő a kiwik (és az ausztrálok) beszédében a szavak rövidítésére, illetve összevonására való hajlam:

ta	*thank you*
veges	*vegetables*
ya	*you*

She's a hot day today

Tipikusak még az **-y**-ra, illetve **-ie**-re végződő rövidítések:

ciggies	*cigarettes*	cigaretta
bikie	*motor-cycle*	motorbicikli
kindy	*kindergarten*	óvoda
postie	*postman, mailperson*	postás
pozzie	*position*	helyzet, hely

AUSZTRÁLIAI ANGOL

Mi is az aussie-angol
és miben különbözik az angolok, illetve az amerikaiak beszélte angoltól?

Először is le kell szögezni, hogy egy ország köznapi nyelvét az őt használó emberek éltetik. Szlengjüket az Aussie-k is maguk alakítják, és az, természetükből adódóan, kicsit harsány, néha nyers (mint az ország), nagyon kedves, de ugyanakkor néha felületes és szétszórt.

A kiejtést az alábbi jelmondat szabályozza: 'csak a legszükségesebbet, de azt minél gyorsabban'. Rossz nyelvek szerint az ausztráloknak olyan gyorsan kell beszélniük, hogy elűzzék maguktól a legyeket, melyek, ha fogaikra telepszenek, elrontják kedvenc sörük ízét. Innen ered az a különös szokásuk is, hogy szájukat beszéd közben igen ritkán nyitják ki, egész szótagokat nyelve így el, majd ebbe a tagolatlan áradatba még (az angol nyelvben egyébként teljességgel ismeretlen) szóalkotásokat is vetnek.

NYELVI JELLEGZETESSÉGEK

Az ausztrál köznyelv, az *Oz-talk* történelmi jellegzetességeit elsősorban a környezet határozza meg, melyből a nyelvújító megoldások származnak. Nem véletlenül érezhetünk szlengjükben egy árnyalatnyi állatias maradványhangot például az alábbi esetekben:

*   A tiszta **i**-ből így lesz bégetésszerű **oi**: *„Oi loike"*,
*   az egyszerű **a** legalábbis megkétszereződik: *„baaastard"*,
*   és ezért ejtik az **ay**-t **ie**-ként: *„yesterdie"*.
*   A tulajdonképpeni titok nyitja azonban a beszéd **gyorsaságában** rejlik. Egész mondatokat ejtenek ki egy-egy nehezebben, vagy könnyebben érthető szótömbként.
    Így lesz például az *„Are you going to have a shower?"* mondatból valódi ausztrál nyelven :"**Yagunna avashower?**".
*   A **to do** ige használatát alapvetően fölöslegesnek ítélik itt meg. Néhány példa:

Jerwannaabekkie?	*Do you wont a bisquit?*
Jergoda the party?	*Did you go to the party?*
Woss jer problem?	*What is your problem?*

*   Ha **g, d,** vagy **t** szóvégi helyzetben található, mégpedig mássalhangzó után, az ausztráloknak ez elégséges ok arra, hogy ezeket a hangokat egyszerűen lenyeljék, mint például a **shoutin**, **rainin**, **las roun** (*last round*) esetében.

További jellegzetessége az Aussie-slangnek a **h** hang követke-
zetes figyelmen kívül hagyása:
av a *have* helyett
e a *he* helyett
ows a *how is* helyett.

Woss jer problem?

A legfontosabb rendhagyó igék

Ige	Múltidő	Befejezett jelen	Fordítás
be	was / were	been	van / lenni
become	became	become	válni vmivé
begin	began	begun	kezdeni
blow	blew	blown	fújni
break	broke	broken	tör
build	built	built	épít
buy	bought	bought	vesz
catch	caught	caught	elkap
come	came	come	jön
cut	cut	cut	vág
do	did	done	csinál
drink	drank	drunk	iszik
drive	drove	driven	vezet (járművet)
eat	ate	eaten	eszik
fall	fell	fallen	esik
feel	felt	felt	érez
find	found	found	talál
fly	flew	flown	repül
forget	forgot	forgotten	(el)felejt
get	got	got	kap
give	gave	given	ad
go	went	gone	megy
have	had	had	birtokol
hit	hit	hit	üt
know	knew	known	ismer / tud
leave	left	left	elhagy / elmegy
lose	lost	lost	(el)vesz(í)t
make	made	made	csinál
meet	met	met	találkozik
put	put	put	tesz / rak

Ige	Múltidő	Befejezett jelen	Fordítás
read	read	read	olvas
run	ran	run	fut
say	said	said	mond
see	saw	seen	lát
sell	sold	sold	elad
send	sent	sent	küld
shut	shut	shut	(be)csuk
sit	sat	sat	ül
sleep	slept	slept	alszik
speak	spoke	spoken	beszél
spend	spent	spent	(el)költ
stand	stood	stood	áll
steal	stole	stolen	lop
swim	swam	swum	úszik
take	took	taken	visz
tell	told	told	mond
think	thought	thought	gondol
understand	understood	understood	(meg)ért
write	wrote	written	ír

Nyelvtanulás kezdőknek
Könyv + 4 kazetta (vagy 4 CD)

Módszerünk segítségével Ön is **könnyűszerrel** elsajátíthatja önállóan, tanári irányítás nélkül az adott nyelv alapjait.

Naponta mintegy harminc perc tanulás elegendő ahhoz, hogy hat hónap múlva otthonosan mozogjon a hétköznapi élet alapvető helyzeteiben, s mindezt **könnyűszerrel** teheti.

Az **Assimil-módszer** élvezetes, humort sem nélkülöző olvasmányok sora.

A tanulás kezdetén, az úgynevezett **első hullámban** Önnek nincs más dolga, mint figyelmesen hallgatni az 1–49. leckék hanganyagát.

Az ismeretek elmélyítésére a tanulás következő fázisában, a **második hullámban** kerül sor. Az 50. leckétől párhuzamosan, rendszeresen vissza kell térnie a korábban megismert leckékre.

Tananyagunk az **Assimil** módszerének kifejezetten

A MAGYAR ANYANYELVŰ TANULÓK SZÁMÁRA KÉSZÜLT VÁLTOZATA.

Garantáltan **beszédcentrikus,** épít az Ön kreativitására, eredeti és ötletes. Napi fél óra gyakorlás kétségtelenül némi odafigyelést kíván. Ezért is lényeges, hogy olyan **korszerű** módszert válasszunk, amellyel – szinte – játék a nyelvtanulás.

HAMAROSAN MEGJELENIK!

– ÜZLETI ANGOL NYELVI SZETT

– ANGOLUL KÖNNYŰSZERREL 2.

– NÉMETÜL KÖNNYŰSZERREL 2.

SZÓSZEDETEK/SZÓTÁRRÉSZ

Az alábbiakban mellékelünk egy szószedetet, először magyar-angol, másodszor pedig angol-magyar változatban, hogy ne csak akkor legyenek gyorsan megtalálhatók a kifejezések, ha valamit mi magunk akarunk mondani, de akkor is könnyen rájuk akadhassunk, ha meg akarjuk érteni, amit hallunk. A szószedet az alapszókincsnek mintegy 1000 elemét tartalmazza, s magába foglalja a megelőző fejezetek legfontosabb szavait is. Mindazonáltal semmiképpen sem helyettesítheti az útiszótárat, melyet feltétlenül vigyünk magunkkal, hogy olyan beszédhelyzetekben is boldogulni tudjunk, melyek a jelen nyelvi bevezetésből netalán kimaradtak.

A **s.b.** rövidítés jelentése **somebody** (valaki).

MAGYAR-ANGOL SZÓSZEDET

A, Á

a / az	the
ablak	window
ablak melletti ülés	window-seat
abortusz	abortion
ad	give
áfonya	cranberry
agy	brain
ágyék	loin
ajak	lip
ajándék	present
ajánl	recommend
ajánlat	proposal
ajánlott levél	registered letter
ajtózár	door-lock
akasztó	hanger
akkumulátor	battery
aláír	sign
aláírás	signature
alak	shape
alatt	under
állandó	constant
állat	animal
állatkert	zoo
allergiás	allergic
állkapocs	jaw
alma	apple
álmatlanság	insomnia
alszik	sleep
ananász	pineapple
anya	mother

apa	father	bankjegy	bill
apály	low tide	bárány	lamb
ápolónő	nurse	barát	friend
április	April	barlang	cave
arc	face	bársony	velvet
arcátlanság	impudence	bedugaszol	plug
árleszállítás	reduction	beiratkozás	registration
arrogancia	arrogance	bejárat	entry
ártatlan	innocent	bekapcsolja a	
áruház	department store	biztonsági övet	fasten seat belt
		beleegyezik	agree
ás	dig	beleértve	included
ásatás	excavation	belépés	admission
ásványvíz	mineral water	belül vmin	within
asztal	table	bélyeg	stamp
átsütve	well-done	benzines kanna	petrol can
átváltási		benzinkutas	attendant
árfolyam	exchange rate	bérel	rent
autó	car	bérmentesítés	postage
autómentő	breakdown service	beszédes	talkative
		beteg	sick
autószerelő	car mechanic	betűz	spell
az	that	beutazás	entry
azonnal	at once	bevásárolni	
		megy	go shopping
		bizonyíték	proof
B		biztos	safe
		biztosított	insured
		biztosítótű	safety pin
bab	bean	blúz	blouse
bába	midwife	boka	ankle
bajusz	moustache	bolt	shop
bal	left	bolti eladó	shop assistant
baleset	accident	borjú	veal
bank	bank	bőrönd	suitcase

borostyán	amber	couchette	couchettes
borotva	razor	család	family
borotvaecset	shaving brush	családnév	surname
borotválkozik	shave	csap	tap
borotvapenge	razor blade	császár	emperor
borotvaszappan	shaving soap	csavar	screw
borravaló	tip	csavarhúzó	screwdriver
bors	pepper	cseresznye	cherry
börtön	prison	csillogó	glossy
borult (ég)	overcast	csirke	chicken
borzalmas	terrible	csodálatos	wonderful
bosszú	revenge	csók	kiss
büféáru	refreshments	csökken	diminish
bűn	guilt	csokoládé	chocolate
büntetés	punishment	csókolózik	kiss
burgonya	potato	csomag (postai	
busz	bus	küldemény)	parcel
büszkélkedni	boast	csöngő	bell
buszmegálló	bus stop	csont	bone
búvárfelszerelés	diving equipment	csúcs	summit
		csütörtök	Thursday

C

célállomás	destination
cérna	string
ceruza	pencil
cigaretta	cigarette
cím	address
címzett	adressee
cipész	cobbler
cipő	shoe
comb	thigh

D

dagály	high tide
darab	piece of
darált hús	minced meat
dátumok	dates
december	December
délután	afternoon
desszert	dessert
diabetikus	diabetic
diákjegy	half

disznó	pig
dohány	tobacco
dohányáruda	tobacconist
dohányzik	smoke
dolgozik	work
dolog	thing
drága	expensive
drogok	drugs
drót	wire
dugóhúzó	corkscrew
dühös	angry

E, É

ebéd	lunch
ebédcsomag	packed lunch
ecet	vinegar
édes	sweet
égésre való kenőcs	burn ointment
egyedül	alone
egyedülálló	single
egyenesen tovább	straight on
egyetérteni vkivel	agree with
egyirányú utca	one-way street
együttérzés	compassion
éhes	hungry
éjjeli műszak	night duty
éjjeliszekrény	bedside table
éjszaka	night
ékszer	jewel

ékszerész	jeweller
él	live
elájul	faint
clakadásjclző háromszög	warning triangle
elég	enough
elégséges	sufficient
elektromosság	electricity
elem	battery
elemlámpa	torch
élet	life
életveszély	danger of death
elfogadható	reasonable
elfoglalt	busy
elindul	start
elindul (hajó)	sail
éljenzés	hail
elképzel	imagine
elkerül (helyzetet)	avoid
elkeseredett	desperate
elkísér	accompany
elkölt	spend
ellenáll	resist
ellenőriz	check
ellentmond	contradict
elmegy sétálni	go for a walk
elnézést!	sorry!
elnök	president
előadás (színházban)	performance
előétel	starter
előkészület	preparation
előny	advantage
előnyben részesíteni vmit	prefer

először	first
első	first
elvámol	declare
cmbcr	man
emberek	people
emelő	lifting jack
én	I
enyhe	mild
eper	strawberry
erdő	forest
eredmény	result
eresz	drain
érkezés	arrival
értékes	precious
értelem	mind
érvényes	valid
érzékeny	sensitive
és	and
esernyő	umbrella
esik	fall
eső	rain
esőkabát	raincoat
este	evening
este	in the evening
eszik	eat
eszméletlen	unconscious
ételmérgezés	food-poisoning
étkészlet	cutlery / tableware
év	year
évszak	season
évszázad	century
expressz levél	express letter
expressz vonat	express train
ez	this

F

fagylaltkehely	sundae
fagyos	chilly
fájdalom	pain
fáklya	torch
falu	village
fazék	pot
február	February
fej	head
fejessaláta	lettuce
fék	brake
fekete	black
fél	half
feladat	task
felébred	wake
felelős	responsible
félénk	shy
felépülni vmiből	recover from
feleség	wife
felhívni vkit	give s.b. a call
felhívni vkit	ring s.b. up
felhős	cloudy
feljelent vkit	report s.b.
felnőtt	grown-up
felvonó	elevator
felvonó	lift
fenntartott	reserved
fény	light
férfi / férfiak	man / men
férfi mosdó	gents
férj	husband
fertőtlenítő	disinfectant
fertőző	catching / contagious

figyelem	attention
fiú	boy
fivér	brother
fizet	pay
fodrász	hairdresser
fogamzásgátló	contraceptive
fogantyú	handle
fogkefe	tooth brush
fogkrém	tooth paste
foglalat	socket
foglalni	book
foglalt	busy
foglalt	engaged
fogorvos	dentist
fogyaszt	consumer
fokhagyma	garlic
földalatti	underground
földimogyoró	peanuts
földrengés	earthquake
folt	stain
fordít	translate
fordítás	translation
forgalom	traffic
forró	hot
főtt	boiled
főváros	capital
főz	cook
főzelék	vegetable (dish)
füge	fig
függelék	appendix
független	independent
fúj	blow
fülke	cabin
fürdőnadrág	swimming trunls

fürdőruha	swimsuit
fürdőszoba	bathroom
fűszer	spice
fűszerek	herbs
fűszerpaprika	paprika

G, Gy

gallon	gallon
garat	larynx
golyóstoll	biro
gomba	mushroom
gondol(kodik)	think
gőzös	steamer
grill-...	grilled
gumicsónak	rubber dinghi
gumikötés	elastic bandage
gumimatrac	lilo
gyalog	on foot
gyapjú	wool
gyerek / gyerekek	child / children
gyilkos	murderer
gyilkosság	murder
gyógyszer	medicine
gyógyszerész	chemist
gyomor	stomach
gyors	quick
gyorsít	accelerate
gyufa	match
gyulladás	inflammation
gyűlölet	hatred
gyümölcs	fruit

gyümölcslé	juice
gyűrű	ring

H

habár	although
haj	hair
hajkefe	hair brush
hajó	boat
hajol	lean
haladás	progress
hallgató (telefonkagyló)	receiver
hálókocsi	sleeper
hamutartó	ashtray
hangulat	mood
hányinger	nausea
hányni	vomit
harisnyanadrág	tights
hasábburgonya	chips
hashajtó	laxative
hasmenés	diarrhoea
hát	back
(meg/el)ha- tározottság	determination
hatalom	power
határ	border
hátra	back
ház	house
háztartásbeli	housewife
hegy	mountain
helyénvaló	appropriate
helyes	right
helyettes	substitute
helyfoglalás	seat reservation
helyi beszélgetés	local call
helytelen	wrong
hentes	butcher
hét (napok)	week
hétfő	Monday
hétköznap	weekday
hiányzik	be absent
hiányzik	be missing
hideg	cold
hidegrázás	the shivers
hírek	news
hő	heat
hölgy	lady
holnap	tomorrow
holnapután	the day after tomorrow
homár	lobster
hőmérséklet	temperature
hónap	month
horgászengedély	fishing licence
horgony	anchor
hosszú	long
hozzájárul	contribute
hozzászokni vmihez	get accostumed to
húgyhólyag	bladder
hullám	wave
hús	meat
hüvelykujj	thumb
hűvös	cool
húz	pull

I, í

idegenvezető	guide
ideges	nervous
idegesít	annoy
időtöltés	pastime
ifjúsági szálló	youth hostel
igazságtalanság	injustice
igen	yes
indulás	departure
információs pult	informational desk
ing	shirt
injekció	injection
inkább	rather
ír	write
irány	direction
isiász	sciatica
iskola	school
ismeretség	acquaintance
ital	drink
itt	here
izgalomba jönni	get excited
izzó	bulb

J

január	January
járat	flight
járda	pavement
járókelő	pedestrian
játék	toy
játszik	play

javak	goods
javít	improve
jegy	ticket
jelző (index)	indicator
jelzőlámpák	traffic lights
jó	good
jó fej	cool
jobb (oldal)	right
jobb(an)	better
jogosítvány	driving licence
jön	come
július	July
június	June

K

kacsa	duck
kád	bathtub
kagyló	mussel
kalauz	conductor
kamera	camera
kanál	spoon
kap	get
káposzta	cabbage
kapu	gate
kar	arm
Karácsony	Christmas
kastély	castle / palace
katolikus	Catholic
kávé	coffee
kedd	Tuesday
kedvezményes tarifa	reduced rate

kelbimbó	cauliflower / Brussels sprouts	kifli	roll
kemény	hard	kígyó	snake
kemping	camping	kijárat	exit
kenőcs	liniment	kikötő	harbour
kenőcs	ointment	kikötői rendőrség	harbour police
kényelmes	comfortable	kilincs	door handle
kenyér	bread	kilométer	kilometre
kép	picture	kinyit	open
kérdés	question	kirabol	rob
kérdez	ask	király	king
kerék	wheel	királynő	queen
keres (pénzt)	earn	királyság	kingdom
kereszteződés	crossing	kirándulás	excursion
keresztutak	crossroads	kiskabát	jacket
kert	garden	kiskorú	under age
kerüljön beljebb!	come in!	kiutazási engedély	exit visa
keserű	bitter	kiváló	excellent
késő, késik	be late	kiváló	great
készít	make	kivilágít	illuminate
készpénz	cash	klíma	climate
kétágyas szoba	double room	kő	stone
kétcsöves messzelátó	binoculars	kölcsönvesz	borrow
kever	mix	koldus	beggar
kéz	hand	komoly	serious
kezelés	treatment	komp	ferry
kézitáska	handbag	kontaktlencse	contact lenses
ki	out	könyök	elbow
ki (személyes névmás)	who	könyv	book
kicsi	little	könyvesbolt	bookshop
kiegészítő jegy	supplementary ticket	konzervnyitó	tin-opener
		konzulátus	consulate
kiegészítő jegyet vált	take a supplementary ticket	koponya	skull
		kórház	hospital

kormány	government
környezet	surroundings
korrupció	corruption
körtc	pcar
körülbelül	about
körzet	district
kosár	basket
kóstol	taste
köszönöm	thank you
kövér	fat
követ	follow
következő	next
követség	embassy
közlekedési tábla	road sign
közömbös	indifferent
közszolgáltatás	public conveniance
közvetlenül felhívni	dial straight through
krém	cream
kulcs	key
kulcs-csont	collar-bone
különös	strange
kúp	suppository

L

láb /lábak	foot / feet
lábszár	leg
lábujj	toe
lágy	tender
lakás	flat
lakóautó	camper
lakókocsi	caravan

lány	girl
lánykori név	maiden name
lánytestvér	sister
lap	shcct
lapos	flat
lassú	be slow
lassú	slow
lát	see
látszerész	optician
leánygyermek	daughter
leégett (a napon)	sunburnt
leelőz	overtake
légibetegség	airsickness
legközelebbi	nearest
légúti hurut	bronchitis
légy	fly
lehagy	leave
lejön	come off
lélegzik	breathe
lelkipásztor	clergyman
lényegi	substantial
lép (testrész)	spleen
leparkol	park
lepedő	sheet
lerombol	ruin
leszállás (légiutazás közbenső megállója)	stopover
leszállni (repülő)	land
leszállni (buszról)	get off
levél	letter
leves	soup
ló	horse
lő	shoot
lopás	theft

M

macska	cat
madár	bird
Magyarország	Hungary
máj	liver
május	May
málna	raspberry
mandulák	tonsils
matrac	mattress
mecset	mosque
megakadályoz	prevent
vkit vmiben	s.b. from
megdagadt	swollen
megérint	touch
megerőszakol	rape
megfázik	catch a cold
meghal	die
meghibásodás	breakdown
megismétel	repeat
megjavít	repair
megrázkódtatás	shock
megsebezni	hurt
megy	go
mellkas	breast
menetjegy	single ticket
menetrend	timetable
menettérti jegy	return ticket
menstruáció	menstruation
mentő	ambulance
meredek	steep
méret	size
merül	
(búvárkodik)	dive

méz	honey
mi, ami	what
mi (személyes	
névmás)	wc
miénk	our
miként	how
milyen kár!	what a pity!
minden	all
mirigy	gland
mogyoró	nut
mond	say
mosdó	lavatory
most	now
működik	work
múlt	past
munkanap	working day
múzeum	museum

N, Ny

nadrág	trousers
nagy	big
nagyanya	grandmother
nagyapa	grandfather
nap	day
naponta	daily
nátha	flu
nedves	moist / wet
néhány	a few
néhány	some
nejlonzsák	plastic bag
nélkül	without
nem	no

nem	not	olvas	read
Németország	Germany	olvasólámpa	reading lamp
nemi aktus	intercourse	óra	clock
nemibetegség	veneral disease	óra	hour
nemtetszés	dislike (of)	óránkénti	hourly
népesség	population	országút	motorway
név	name	orvos	doctor
nő / nők	woman / women	ott	there
női mosdó	ladies' room	óvatos	careful
normálbenzin	regular grade petrol		
növény	plant		

Ö, ő

önbizalom	self-confidence
öreg	old
összeg (pénz)	amount (of money)
összekötő járat	connecting flight
öv	belt
ő (hímnemű)	he
ő (nőnemű)	she
ők	they
őrizet	custody
ősz	autumn
őszibarack	peach

nulla	zero
nyakkendő	tie
nyár	summer
nyers	raw
nyitva	open
nyitvatartási idő	visiting hours / opening hours
nyomás	pressure
nyomor	misery
nyomozás	investigation
nyomtatvány	form
nyugodt	calm
nyugtató	tranquillizer

O, Ó

óceán	ocean
ódivatú	old-fashioned
október	October
olaj	oil
olcsó	cheap
olló	scissors

P

páciens	patient
padló	floor
palota	palace
panzió	boarding house
panzió	bed and breakfast

papírbolt	stationer's
paprika (zöldség)	pepper /paprika
papucs	slippers
pár (egy)	a pair of
paralízis	paralysis
parfüm	perfume
parkolási időjelző tárcsa	parking disc
parkoló	car park
parkoló óra	parking meter
párna	pillow
párolt	steamed
partvidék	coast
pék	baker
péntek	Friday
pénz	money
pénzérme	coin
pénznem	currency
pénztárca (apró)	purse
pénztárca / irat	wallet
pénzváltás	exchange
perc	minute
petrezselyem	parsley
pillanat	moment
pincér / pincérnő	waiter / waitress
pizsama	pyjamas
pontosan	in time / exactly
porcelán	china
postahivatal	post-office
postatakarék-betét-könyv	post-office savings book
primitív	primitive
protestáns	Protestant
protézis	denture
pult	counter

R

rádió	radio
ragasztó	glue
rajta vmin	on top of
rajtaütés	raid
rántotta	scrambled eggs
recept (orvosi)	prescription
recept (főzés)	recipe
reggel	in the morning
reggel	morning
reggeli	breakfast
rendbeszed	top up
rendőr	policeman
rendőrőrs	police station
rendszám	registration number
rendszámtábla	number plate
répa	carrot
repül	fly
repülőgép	plane
repülőtér	airport
ritkán	seldom
röntgen	x-ray
rossz	bad
rosszul van	be sick
ruha	dress
ruhatár	cloakroom

S, Sz

saját	own
sajt	cheese

sakk	chess	szállás	accomodation
saláta	salad	szállás és ellátás	board and lodging
sárhányó	mudguard		
sátor	tent	szálloda	hotel
sátorhely	campsite	szalmakalap	straw hat
sebesség	gear	szalonna	bacon
sebességkorlátozás	speed limit	szalvéta	napkin
sebészet	surgery	szám	number (no.)
segítőkész	helpful	szamárköhögés	whooping cough
sekély	shallow		
selyem	silk	számla	account
semmi	nothing	számol	count
sertés	pork	szándékosan	intentionally
sértés	insult	szappan	soap
sérült	hurt	száraz	dry
simogat	caress	szárít	dry
sír	cry	szauna	sauna
snidling	chives	szegény	poor
só	salt	szék	chair
sonka	ham	széklet	stools
sör	beer	szeletel	chop
sós	salted	szeletel	slice
sötét	dark	szélkabát	anorak
strand	beach	szélütés	stroke
sült	baked	szélvédő	windscreen
sült	roasted	személyi	
sült csirke	roast chicken	igazolvány	identity card
sütemény	pastry	személynév	first name
szabad	free	szemüveg	glasses
szabad megtennie		szép	beautiful
vmit	may	szép	nice
szabadság	freedom	szeptember	September
szabadság	holidays	szerda	Wednesday
szabályzat	regulations	szerelem	love
száj	mouth	szerelmes	be in love

117

szerelő	mechanic	talán	perhaps
szeret	like	táncol	dance
szeretni	love	tanú	witness
szerintem	in my opinion	tányér	plate
szerszámok	tools	tappancs	bellows
sziget	island	tárcsáz	dial
szigorú	strict	tarifa	fee
szilva	plum	társadalom	society
szín	colour	társalgás	conversation
színész	actor	tart vmeddig	take
színésznő	actress	tartalékalkatrész	spare part
szív	heart	tartam	duration
szivar	cigar	tavasz	spring
szokás	habit	te	you
szökőkút	fountain	tea	ea
szőlő	grape	tegnap	yesterday
szombat	Saturday	tegnapelőtt	the day before
szomszéd	neighbour		yesterday
szőnyeg	carpet	teherautó	lorry
szűk	narrow	tej	milk
születés	birth	tejszínhab	whipped cream
születési hely	place of birth	tél	winter
születési idő	date of birth	tele	full
születésnap	birthday	telefon	telephone
szürke	gray	telefonfülke	call box
szvetter	cardigan	telefonkönyv	telephone direc-
			tory
		televízió	television
		telik vmire	afford some-
			thing

T, Ty

		teljes ellátás /	
tabletta	tablet	panzió	full board
tagad	deny	tenger	sea
tál	bowl	térd	knee
talált tárgyak	lost	terhes	pregnant
osztálya	property office		

terhesség	pregnancy
terítő	table cloth
térkép	map
terület	area
ti	you
tiéd	your
tiltott	prohibited
tiszta	clear
tisztító	dry cleaners
tó	lake
több	more
tojás	egg
tölteni (akkumulátort)	charge
töltött	stuffed
tolvaj	thief
törés (csonté)	fracture
torok	throat
torokfájás	sore throat
torony	tower
törött	broken
történelem	history
történik	happen
törülköző	towel
tucat	a dozen
tud (képes)	can
tud (fejben)	know
tükör	mirror
tulajdon	property
tülköl	honk
türelmes	patient
türelmetlenség	impatiance
turista-hely	tourist haunt

U, Ú

uborka	cucumber
ujj	finger
unalmas	boring
utas	passenger
utazás	journey
utazás	travel
utazási iroda	travel agency
utazik	go / travel
utolsó	last
új	new
újság	newspaper
úticél	destination
úticsomag	luggage
útmunkák	roadworks

Ü, Ű

ügyvéd	lawyer
üvölt	cry
üzlet	shop

V

vád	accusation
vad (hús)	venison
vagy	or
vaj	butter
vakító	blazing

119

-val, -vel	with	vicc	joke
valamennyi	all	viharos	stormy
valami	something	villa	fork
válás	divorce	virág	flower
választás	choice	viselkedik	behave
választék	choice	visszatér	return
váll	shoulder	visz	take
vallás	religion	viszket	itch
válni vmivé	become	viszony	affair
valószínűleg	probably	víz	water
vált (pénzt)	change	vízesés	waterfall
váltópénz	change	vízhatlan	waterproof
vám (hivatal)	customs	vizsga / vizsgálat	examination
vámilleték	duty	völgy	valley
város	town	vonat	train
városháza	town hall	vontatókötél	towrope
városközpont	city center		
városnéző körút	sightseeing tour		
várostérkép	map of a town		
váróterem	lounge	**W**	
vasárnap	Sunday		
vasúti menetrend	railway guide	WC-papír	toilet-paper
vatta	cotton		
vegetárius	vegetarian		
vélemény	opinion	**Y**	
vendégház	boarding house		
vér	blood	yacht	yacht
vérnyomás	blood pressure		
vese	kidney		
vesz	buy	**Z**	
veszekszik	quarrel		
vészfék	emergency brake	zaklat	pester
		zár	close
vészkijárat	emergency exit	zárva	closed
vezet	lead	zavar	disturb
vezet (autót)	drive		

120

zöld	green	zsák	bag
zöldség	vegetables	zsíros	greasy
zöldséges	grocer's	zuhany	shower

ANGOL-MAGYAR SZÓSZEDET

A

a dozen	tucat
a few	néhány
a pair of	pár (egy)
abortion	abortusz
about	körülbelül
absent	hiányzik
accelerate	gyorsít
accident	baleset
accomodation	szállás
accompany	elkísér
account	számla
accusation	vád
acquaintance	ismeretség
actor	színész
actress	színésznő
address	cím
adressee	címzett
admission	belépés
advantage	előny
affair	viszony
afford something	telik vmire
afternoon	délután
agree	beleegyezik
agree with	egyetérteni vkivel
airport	repülőtér

airsickness	légibetegség
all	minden
all	valamennyi
allergic	allergiás
alone	egyedül
although	habár
amber	borostyán
ambulance	mentő
amount (of money)	összeg (pénz)
anchor	horgony
and	és
angry	dühös
animal	állat
ankle	boka
annoy	idegesít
anorak	szélkabát
appendix	függelék
apple	alma
appropriate	helyénvaló
April	április
area	terület
arm	kar
arrival	érkezés
arrogance	arrogancia
ashtray	hamutartó
ask	kérdez
at first	először

at once	azonnal
attendant	benzinkutas
attention	figyelem
autumn	ősz
avoid	elkerül (helyzetet)

B

back	hátra
back	hát
bacon	szalonna
bad	rossz
bag	zsák
baked	sült
baker	pék
bank	bank
basin	mosdó, medence
basket	kosár
bathroom	fürdőszoba
battery	akkumulátor
battery	elem
be missing	hiányzik
be slow	lassú
beach	strand
bean	bab
beautiful	szép
become	válni vmivé
bedside table	éjjeliszekrény
beer	sör
beggar	koldus
behave	viselkedik

bell	csengő
bellows	tappancs
belt	öv
better	jobb(an)
big	nagy
bill	bankjegy
binoculars	kétcsöves messzelátó
bird	madár
biro	golyóstoll
birth	születés
birthday	születésnap
bitter	keserű
black	fekete
bladder	húgyhólyag
blazing	vakító
blood	vér
blood pressure	vérnyomás
blouse	blúz
blow	fúj
board and lodging	szállás és ellátás
boarding house	panzió
bed and breakfast	panzió
boarding house	vendégház
boast	büszkélkedni
boat	hajó
boiled	főtt
bone	csont
book	könyv
book	foglalni
bookshop	könyvesbolt
border	határ
boring	unalmas

borrow	kölcsönvesz	camper	lakóautó
bowl	tál	camping	kemping
boy	fiú	campsite	sátorhely
brain	agy	can	tud (képes)
brain	értelem / agy	capital	főváros
brake	fék	car	autó
bread	kenyér	car mechanic	autószerelő
breakdown	meghibásodás	car park	parkoló
breakdown		caravan	lakókocsi
service	autómentő	cardigan	szvetter
breakfast	reggeli	careful	óvatos
breast	mellkas	caress	simogat
breathe	lélegzik	carpet	szőnyeg
broken	törött	carrot	répa
bronchitis	légúti hurut	cash	készpénz
brother	fivér	castle	kastély / vár
bulb	izzó	cat	macska
burn ointment	égésre való	catch a cold	megfázik
	kenőcs	catching	fertőző
bus	busz	Catholic	katolikus
bus stop	buszmegálló	cauliflower	kelbimbó /
busy	elfoglalt		karfiol
butcher	hentes	cave	barlang
butter	vaj	century	évszázad
buy	vesz	chair	szék
		change	váltópénz
		change	vált (pénzt)

C

		charge	tölteni (akku-mulátort)
		cheap	olcsó
cabbage	káposzta	cheap rate	kedvezményes
cabin	fülke		tarifa
call box	telefonfülke	check	ellenőriz
calm	nyugodt	cheese	sajt
camera	fényképezőgép /	chemist	gyógyszerész
	kamera	cherry	cseresznye

chess	sakk	conductor	kalauz
chicken	csirke	connecting flight	összekötő járat
child / children	gyerek / gyerekek	constant	állandó
		consulate	konzulátus
chilly	fagyos	consumer	fogyasztó
china	porcelán	contact lenses	kontaktlencse
chips	hasábburgonya	contraceptive	fogamzásgátló
chives	snidling	contradict	ellentmond
chocolate	csokoládé	contribute	hozzájárul
choice	választék	conversation	társalgás
choice	választás	cook	főz
chop	szeletel	cool	hűvös
Christmas	Karácsony	cool	jó fej
cigar	szivar	corkscrew	dugóhúzó
cigarette	cigaretta	corruption	korrupció
city center	városközpont	cotton	vatta
clear	tiszta	couchettes	couchette
clergyman	lelkipásztor	count	számol
climate	klíma	counter	pult
cloakroom	ruhatár	cranberry	áfonya
clock	óra	cream	krém
cloudy	felhős	crossing	kereszteződés
coast	partvidék	crossroads	keresztutak
cobbler	cipész	cry	sír
coffee	kávé	cry	üvölt / kiabál
coin	pénzérme	cucumber	uborka
cold	hideg	currency	pénznem
collar-bone	kulcs-csont	custody	őrizet
colour	szín	customs	vám (hivatal)
come	jön	cutlery	étkészlet / evőeszköz
come in!	kerüljön beljebb!		
come off	lejön	**D**	
comfortable	kényelmes		
compassion	együttérzés	daily	naponta
concussion	agyrázkódás	dance	táncol

danger of death	életveszély	divorce	válás
dark	sötét	doctor	orvos
date of birth	születési idő	door handle	kilincs
dates	dátumok	door-lock	ajtózár
daughter	leánygyermek	double room	kétágyas szoba
day	nap	drain	eresz / csatorna
December	december	dress	ruha
declare	elvámol	drink	ital
dentist	fogorvos	driving licence	jogosítvány
denture	protézis	drugs	drogok
deny	tagad	dry	szárít
department store	áruház	dry	száraz
departure	indulás	dry cleaners	tisztító
desperate	elkeseredett	duck	kacsa
dessert	desszert	duration	tartam
destination	úticél	duty	vámilleték
destination	célállomás		
determination	(meg/el)határo-zottság		

diabetic	diabetikus		
dial	tárcsáz	early	korán
dial straight through	közvetlenül felhívni	earn	keres (pénzt)
diarrhoea	hasmenés	earthquake	földrengés
die	meghal	eat	eszik
dig	ás	egg	tojás
diminish	csökken	elastic bandage	gumikötés
direction	irány	elbow	könyök
disinfectant	fertőtlenítő	electricity	elektromosság
dislike (of)	nemtetszés	elevator	felvonó
district	körzet	embassy	követség
disturb	zavar	emergency brake	vészfék
dive	merül (búvárkodik)	emergency exit	vészkijárat
		emperor	császár
diving equipment	búvárfelszerelés	engaged	foglalt
		enough	elég

entry	beutazás	first	első
entry	bejárat	first name	személynév
evening	este	fishing licence	horgász-
examination	vizsga / vizs-		engedély
	gálat	flat	lapos
excavation	ásatás	flat	lakás
excellent	kiváló	flight	járat
exchange	pénzváltás	floor	padló
exchange rate	átváltási	flower	virág
	árfolyam	flu	nátha
excursion	kirándulás	fly	repül
exit	kijárat	fly	légy
exit visa	kiutazási	follow	követni
	engedély	food-poisoning	ételmérgezés
expensive	drága	foot / feet	láb /lábak
express letter	expressz levél	forest	erdő
express train	expressz vonat	fork	villa
		form	nyomtatvány
		fountain	szökőkút
		fracture	törés (csonté)

F

		free	szabad
		freedom	szabadság
face	arc	Friday	péntek
faint	elájul	friend	barát
fall	esik	fruit	gyümölcs
family	család	full	tele
fasten seat belt	bekapcsolja a	full board	teljes ellátás /
	biztonsági övet		panzió
fat	kövér		
father	apa		
February	február		

G

fee	tarifa	gallon	gallon
ferry	komp	garden	kert
fig	füge	garlic	fokhagyma
finger	ujj	gate	kapu
first	először		

gear	sebesség
gents	férfi mosdó
Germany	Németország
get	kap
get accostumed to	hozzászokni vmihez
get excited	izgalomba jönni
get off	leszállni (buszról)
girl	lány
give	ad
give s.b. a call	felhívni vkit
gland	mirigy
glasses	szemüveg
glossy	csillogó
glue	ragasztó
go	megy
go for a walk	elmegy sétálni
go shopping	bevásárolni megy
go	utazik
good	jó
goods	javak
government	kormány
grandfather	nagyapa
grandmother	nagyanya
grape	szőlő
greasy	zsíros
great	kiváló
green	zöld
gray	szürke
grilled	grill-...
grocer's	zöldséges
grown-up	felnőtt
guide	idegenvezető
guilt	bűn

H

habit	szokás
hail	éljenzés
hair	haj
hair brush	hajkefe
hairdresser	fodrász
half	fél
half	diákjegy
ham	sonka
hand	kéz
handbag	kézitáska
handle	fogantyú
hanger	akasztó
happen	történik
harbour	kikötő
harbour police	kikötői rendőrség
hard	kemény
hatred	gyűlölet
head	fej
heart	szív
heat	hő
helpful	segítőkész
herbs	fűszerek
here	itt
high tide	dagály
history	történelem
holidays	szabadság
honey	méz
honk	tülköl
horse	ló
hospital	kórház
hot	forró

hotel	szálloda	injection	injekció
hour	óra	injustice	igazságtalanság
hourly	óránkénti	innocent	ártatlan
house	ház	insomnia	álmatlanság
housewife	háztartásbeli	insult	sértés
how	miként	insured	biztosított
Hungary	Magyarország	intentionally	szándékosan
hungry	éhes	intercourse	nemi aktus
hurt	megsebezni	investigation	nyomozás
hurt	sérült	island	sziget
husband	férj	itch	viszket

I

J

I	én	jacket	kiskabát
identity card	személyi	January	január
	igazolvány	jaw	állkapocs
illuminate	kivilágít	jeweller	ékszerész
impatiance	türelmetlenség	jewel	ékszer
improve	javít	joke	vicc
impudence	arcátlanság	journey	utazás
in love	szerelmes	juice	gyümölcslé
in my opinion	szerintem	July	július
in the evening	este	June	június
in the morning	reggel		
in time	pontosan		
included	beleértve		
independent	független	## K	
indicator	jelző (index)		
indifferent	közömbös	key	kulcs
inflammation	gyulladás	kidney	vese
informational		kilometre	kilométer
desk	információs pult	king	király

kingdom	királyság	lobster	homár
kiss	csók	local call	helyi beszél-
kiss	csókolózik		getés
knee	térd	loin	ágyék
		long	hosszú
		lorry	teherautó
		lost property	talált tárgyak
L		office	osztálya
		lounge	váróterem
ladies' room	női mosdó	love	szerelem
lady	hölgy	love	szeretni
lake	tó	low tide	apály
lamb	bárány	luggage	úticsomag
larynx	garat	lunch	ebéd
last	utolsó		
lavatory	mosdó		
lawyer	ügyvéd	**M**	
laxative	hashajtó		
lead	vezet	maiden name	lánykori név
lean	hajol	make	készít
leave	lehagy	man / men	férfi / férfiak
left	bal	many	sok
leg	lábszár	map	térkép
letter	levél	map of a town	várostérkép
lettuce	fejessaláta	match	gyufa
life	élet	mattress	matrac
lift	felvonó	May	május
lifting jack	emelő	may	szabad megten-
light	fény		nie vmit
like	szeret	meat	hús
lilo	gumimatrac	mechanic	szerelő
liniment	kenőcs	medicine	gyógyszer
lip	ajak	menstruation	menstruáció
little	kicsi	midwife	bába
live	él	mild	enyhe
liver	máj		

milk	tej	nausea	hányinger
minced meat	darált hús	nearest	legközelebbi
mineral water	ásványvíz	neighbour	szomszéd
minute	perc	nervous	ideges
mirror	tükör	new	új
misery	nyomor	news	hírek
miss	lekésni	newspaper	újság
mix	kever	next	következő
moist	nedves	nice	szép
moment	pillanat	night	éjszaka
Monday	hétfő	night duty	éjjeli műszak
money	pénz	no	nem
month	hónap	not	nem
mood	hangulat	nothing	semmi
more	több	now	most
morning	reggel	number plate	rendszámtábla
mosque	mecset	number (no.)	szám
mother	anya	nurse	ápolónő
motorway	országút	nut	mogyoró
mountain	hegy		
moustache	bajusz		
mouth	száj		
mudguard	sárhányó		
murder	gyilkosság		

murderer	gyilkos
museum	múzeum
mushroom	gomba
mussel	kagyló

ocean	óceán
October	október
oil	olaj
ointment	kenőcs
old	öreg / régi
old-fashioned	ódivatú
on foot	gyalog
on top of	rajta vmin
one-way street	egyirányú utca
open	nyitva
open	kinyit
opinion	vélemény

name	név
napkin	szalvéta
narrow	szűk

optician	látszerész
or	vagy
our	miénk
out	ki
overcast	borult (ég)
overtake	leelőz
own	saját

P

packed lunch	ebédcsomag
pain	fájdalom
palace	palota
paprika	fűszerpaprika
paralysis	paralízis
parcel	csomag (postai küldemény)
park	leparkol
parking disc	parkolási időjelző tárcsa
parking meter	parkoló óra
parsley	petrezselyem
passenger	utas
past	múlt
pastime	időtöltés
pastry	sütemény
patient	páciens
patient	türelmes
pavement	járda
pay	fizet
peach	őszibarack
peanuts	földimogyoró
pear	körte
pedestrian	járókelő

pencil	ceruza
people	emberek
pepper	bors
pepper	paprika (zöldség)
performance	előadás (színházban)
perfume	parfüm
perhaps	talán
pester	zaklat
petrol can	benzines kanna
picture	kép
piece of	darab
pig	disznó
pillow	párna
pineapple	ananász
place of birth	születési hely
plane	repülőgép
plant	növény
plastic bag	nejlonzsák
plate	tányér
play	játszik
plug	bedugaszol
plum	szilva
police station	rendőrőrs
policeman	rendőr
poor	szegény
population	népesség
pork	sertés
postage	bérmentesítés
post-office	postahivatal
post-office savings book	postatakarékbetétkönyv
pot	fazék
potato	burgonya
power	hatalom

precious	értékes	question	kérdés
prefer	előnyben részesíteni vmit	quick	gyors
pregnancy	terhesség		
pregnant	terhes	**R**	
preparation	előkészület		
prescription	recept		
present	ajándék	radio	rádió
president	elnök	raid	rajtaütés
pressure	nyomás	railway guide	vasúti menetrend
pretend	színlel		
prevent s.b. from	megakadályoz vkit vmiben	rain	eső
		raincoat	esőkabát
primitive	primitív	rape	megerőszakol
prison	börtön	raspberry	málna
probably	valószínűleg	rather	inkább
progress	haladás	raw	nyers
prohibited	tiltott	razor	borotva
proof	bizonyíték	razor blade	borotvapenge
property	tulajdon	read	olvas
proposal	ajánlat	reading lamp	olvasólámpa
Protestant	protestáns	reasonable	elfogadható
public conveniance	közszolgáltatás	receiver	hallgató (telefonkagyló)
pull	húz	recommend	ajánl
punishment	büntetés	recover from	felépülni vmiből
purse	pénztárca (aprópénz)	reduction	árleszállítás
		refreshments	büféáru
pyjamas	pizsama	registered letter	ajánlott levél
		registration	beiratkozás
		regular grade petrol	normálbenzin
Q		regulations	szabályzat
		religion	vallás
quarrel	veszekszik	rent	bérel
queen	királynő	repair	megjavít

repeat	megismétel	say	mond
report s.b.	feljelent vkit	school	iskola
reserved	fenntartott	sciatica	isiász
resist	ellenáll	scissors	olló
responsible	felelős	scrambled eggs	rántotta
result	eredmény	screwdriver	csavarhúzó
return	visszatér	sea	tenger
return ticket	menettérti jegy	season	évszak
revenge	bosszú	seat reservation	helyfoglalás
right	helyes	see	lát
right	jobb (oldal)	seldom	ritkán
ring	gyűrű	self-confidence	önbizalom
ring s.b. up	felhívni vkit	sensitive	érzékeny
road sign	közlekedési	September	szeptember
	tábla	serious	komoly
roadworks	útmunkák	shallow	sekély
roast chicken	sült csirke	shape	alak
roasted	sült	shave	borotválkozik
rob	kirabol	shaving brush	borotvaecset
roll	kifli	shaving soap	borotvaszappan
rubber dinghi	gumicsónak	she	ő (nőnemű)
ruin	lerombol	sheet	lepedő
		sheet	lap
		shirt	ing
S		shoe	cipő
		shoot	lő
		shop	bolt / üzlet
safe	biztos /	shop assistant	bolti eladó
	biztonságos	shoulder	váll
safety pin	biztosítótű	shower	zuhany
sail	elindul (hajó)	shy	félénk
salad	saláta	sick	rosszul van
salt	só	sick	beteg
salted	sós	sightseeing tour	városnéző körút
Saturday	szombat	sign	aláír
sauna	szauna	signature	aláírás

133

silk	selyem	stationer's	papírbolt
single	menetjegy	steamed	párolt
single	egyedülálló	steamer	gőzös
sister	lánytestvér	steep	meredek
size	méret	stew	főzelék / pörkölt
skull	koponya	stomach	gyomor
sleep	alszik	stone	kő
sleeper	hálókocsi	stopover	leszállás (légiuta-
slice	szeletel		zás közbenső
slippers	papucs		megállója)
slow	lassú	stormy	viharos
smoke	dohányzik	straight on	egyenesen
snake	kígyó		tovább
soap	szappan	strange	különös
society	társadalom	straw hat	szalmakalap
socket	foglalat	strawberry	eper
some	néhány	strict	szigorú
something	valami	string	cérna
sore throat	torokfájás	stroke	szélütés
sorry!	elnézést!	stuffed	töltött
soup	leves	substantial	lényegi
spare part	tartalékalkatrész	substitute	helyettes
speed limit	sebességkorlá-	sufficient	elégséges
	tozás	suitcase	bőrönd
spell	betűz	summer	nyár
spend	elkölt	summit	csúcs
spice	fűszer	sunburnt	leégett (a
spleen	lép (testrész)		napon)
spoon	kanál	sundae	fagylaltkehely
spring	tavasz	Sunday	vasárnap
screw	csavar	supplementary	
stain	folt	ticket	kiegészítő jegy
stamp	bélyeg	suppository	kúp (végbél-)
start	elindul	surgery	sebészet
starter	előétel	surname	családnév

surroundings	környezet
sweet	édes
swimming trunks	fürdőnadrág
swimsuit	fürdőruha
swollen	megdagadt

T

table	asztal
table cloth	terítő
tablet	tabletta
take	visz
take	tart vmeddig
take a supplementary ticket	kiegészítő jegyet vált
talkative	beszédes
tap	csap
task	feladat
taste	kóstol
tea	tea
telephone	telefon
telephone directory	telefonkönyv
television	televízió
temperature	hőmérséklet / láz
tender	lágy
tent	sátor
terrible	borzalmas
thank you	köszönöm
that	az
the	a / az
the day after tomorrow	holnapután

the day before yesterday	tegnapelőtt
the shivers	hidegrázás
theft	lopás
there	ott
they	ők
thief	tolvaj
thigh	comb
thing	dolog
think	gondol(kodik)
this	ez
throat	torok
thumb	hüvelykujj
Thursday	csütörtök
ticket	jegy
tie	nyakkendő
tights	harisnyanadrág
timetable	menetrend
tin-opener	konzervnyitó
tip	borravaló
tobacco	dohány
tobacconist	dohányáruda
toe	lábujj
toilet-paper	WC-papír
tomorrow	holnap
tonsils	mandulák
tools	szerszámok
tooth brush	fogkefe
tooth paste	fogkrém
top up	rendbeszed
torch	fáklya
torch	elemlámpa
touch	megérint
tourist haunt	turista-hely
towel	törülköző

135

tower	torony
town	város
town hall	városháza
towrope	vontatókötél
toy	játék
traffic	forgalom
traffic lights	jelzőlámpák
train	vonat
tranquillizer	nyugtató
translate	fordít
translation	fordítás
travel	utazás
travel agency	utazási iroda
treatment	kezelés
trousers	nadrág
Tuesday	kedd

U

umbrella	esernyő
unconscious	eszméletlen
under	alatt
under age	kiskorú
underground	földalatti

V

valid	érvényes
valley	völgy
veal	borjú
vegetables	zöldség
vegetarian	vegetárius
velvet	bársony

veneral disease	nemibetegség
venison	vad (hús)
village	falu
vinegar	ecet
visiting hours	nyitvatartási idő
vomit	hányni

W

waiter / waitress	pincér / pincérnő
wake	felébred
wallet	pénztárca / irattartó
warning triangle	elakadásjelző háromszög
water	víz
waterfall	vízesés
waterproof	vízhatlan
wave	hullám
we	mi (személyes névmás)
Wednesday	szerda
week	hét (napok)
weekday	hétköznap
well-done	átsütve
what	mi, ami
what a pity!	milyen kár!
wheel	kerék
whipped cream	tejszínhab
who	ki (kérdő névmás)
whooping cough	szamárköhögés
wife	feleség

window	ablak
window-seat	ablak melletti ülés
windscreen	szélvédő
winter	tél
wire	drót
with	-val, -vel
within	belül vmin
without	nélkül
witness	tanú
woman / women	nő / nők
wonderful	csodálatos
wool	gyapjú
work	dolgozik
work	működik
working-day	munkanap
write	ír
wrong	helytelen

yacht	yacht
year	év
yes	igen
yesterday	tegnap
you	te
you	ti
your	tiéd
youth hostel	ifjúsági szálló

| zero | nulla |
| zoo | állatkert |

| x-ray | röntgen |

* Sok magyarnak okoz nehézséget az igazi „th" megformálása. Ha sok gyakorlás után még mindig nem járunk sikerrel, az ember nyugodtan ejtheti a „th"-t sz-nek is. Más anyanyelvűek is nehéznek találják a „th"-t. Sok helyen hallhatunk a „th" helyett „d"-t, illetve „t"-t is.

Megjegyzéseim

....
....
....
....
....
....
....
....
....
....
....
....
....
....
....
....
....
....

Megjegyzéseim

. . . .
. . . .
. . . .
. . . .
. . . .
. . . .
. . . .
. . . .
. . . .
. . . .
. . . .
. . . .
. . . .
. . . .
. . . .
. . . .
. . . .
. . . .

Megjegyzéseim

....
....
....
....
....
....
....
....
....
....
....
....
....
....
....
....
....
....
....
....